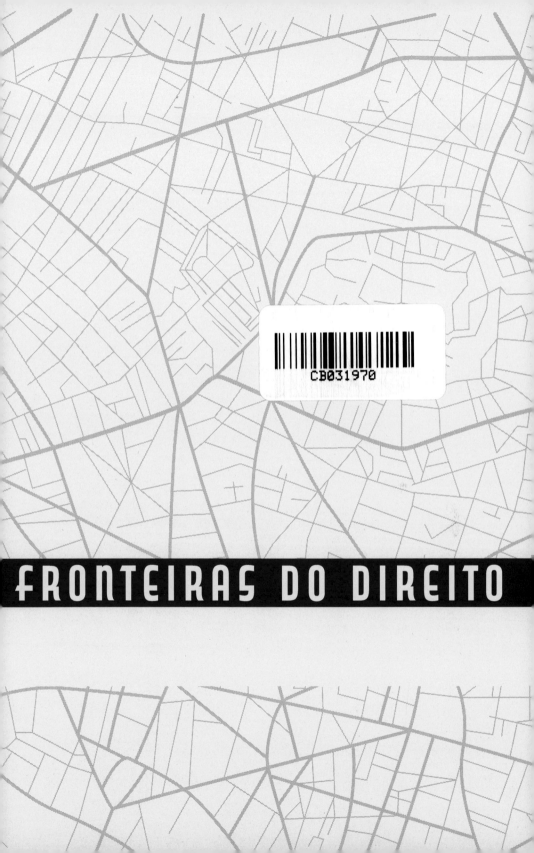

HENRIQUE GARBELLINI CARNIO

FRONTEIRAS DO DIREITO
ANALÍTICA DA EXISTÊNCIA E CRÍTICA DAS FORMAS JURÍDICAS

Copyright © 2021 by Editora Letramento
Copyright © 2021 by Henrique Garbellini Carnio

Diretor Editorial | **Gustavo Abreu**
Diretor Administrativo | **Júnior Gaudereto**
Diretor Financeiro | **Cláudio Macedo**
Logística | **Vinícius Santiago**
Comunicação e Marketing | **Giulia Staar**
Assistente Editorial | **Matteos Moreno e Sarah Júlia Guerra**
Designer Editorial | **Gustavo Zeferino e Luís Otávio Ferreira**
Revisão | **Daniel Rodrigues Aurélio - BARN Editorial**
Imagem da capa | **William-Adolphe Bouguereau: O remorso de Orestes** - *Wikimediacommons*

Conselho Editorial | Alessandra Mara de Freitas Silva; Alexandre Morais da Rosa; Bruno Miragem; Carlos María Cárcova; Cássio Augusto de Barros Brant; Cristian Kiefer da Silva; Cristiane Dupret; Edson Nakata Jr; Georges Abboud; Henderson Fürst; Henrique Garbellini Carnio; Henrique Júdice Magalhães; Leonardo Isaac Yarochewsky; Lucas Moraes Martins; Luiz Fernando do Vale de Almeida Guilherme; Nuno Miguel Branco de Sá Viana Rebelo; Renata de Lima Rodrigues; Rubens Casara; Salah H. Khaled Jr; Willis Santiago Guerra Filho.

Todos os direitos reservados.
Não é permitida a reprodução desta obra sem
aprovação do Grupo Editorial Letramento.

Dados Internacionais de Catalogação na Publicação (CIP) de acordo com ISBD

C289f	Carnio, Henrique Garbellini
	Fronteiras do Direito: analítica da existência e crítica das formas jurídicas / Henrique Garbellini Carnio. - Belo Horizonte : Casa do Direito, 2021.
	172 p. ; 15,5cm x 22,5cm.
	Inclui bibliografia.
	ISBN: 978-65-5932-059-2
	1. Direito. 2. Teologia do direito. 3. Análise e crítica. I. Título.
2021-2499	CDD 340
	CDU 34

Elaborado por Odilio Hilario Moreira Junior - CRB-8/9949

Índice para catálogo sistemático:
1. Direito 340
2. Direito 34

Belo Horizonte - MG
Rua Magnólia, 1086
Bairro Caiçara
CEP 30770-020
Fone 31 3327-5771
contato@editoraletramento.com.br
editoraletramento.com.br
casadodireito.com

Grupo Editorial **LETRAMENTO**

CASA DO DIREITO

Casa do Direito é o selo jurídico do
Grupo Editorial Letramento

SUMÁRIO

7 **APRESENTAÇÃO**
Leonardo Avelino Duarte

11 **PREFÁCIO**
Orlando Villas Bôas Filho

17 **1. DIREITO E PODER**
25   1.1. O PODER NAS COMUNIDADES TRIBAIS
28   1.1.1. A NOÇÃO DE PODER E A HOMOGENEIDADE DOS POVOS TRIBAIS

35 **2. DIREITO E EXPERIÊNCIA**
35   2.1. A LEI DOS TRÊS ESTADOS DE AUGUSTO COMTE
39   2.2. ANIMISMO E MAGIA NO PENSAMENTO DE SIGMUND FREUD
45   2.3. DOMINAÇÃO E RESSENTIMENTO NO PENSAMENTO DE FRIEDRICH W. NIETZSCHE
50   2.4. O MEDO QUE NOS RESTA

51 **3. DIREITO E POLÍTICA**
52   3.1. O TOTEM
57   3.1.1. AS FRATRIAS
58   3.2. SOLIDARIEDADE E VINGANÇA
63   3.3. O BANDO COMO RELAÇÃO POLÍTICA ORIGINÁRIA
70   3.4. O *HOMO SACER* NO DIREITO ROMANO
77   3.5. RUDOLF VON JHERING E SUA ABORDAGEM SOBRE A PROSCRIÇÃO: *HOMO SACER, WARGUS, FRIEDLOS*

4. DIREITO E RELIGIÃO — 81
4.1. A EXPERIÊNCIA RELIGIOSA DO SACRIFÍCIO — 83
4.1.1. O SOMA E O BODE EXPIATÓRIO — 86

5. DIREITO E ESTADO (CRÍTICA A TEORIA DO CONTRATO NATURAL) — 93

6. DIREITO E BIOPOLÍTICA — 99
6.1. O APÁTRIDA — 102
6.2. A EXPERIÊNCIA DOS CAMPOS DE CONCENTRAÇÃO: O *MUSELMAN* E A ÉTICA DA VERGONHA — 107

7. DIREITO E VIOLÊNCIA — 119

8. RACIONALIDADE JURÍDICA — 125
8.1. CRÍTICA DAS FORMAS JURÍDICAS — 132
8.1.1. O ANTAGONISMO ENTRE KELSEN E SCHMITT — 135
8.1.2. A FILOSOFIA DE WALTER BENJAMIN COMO ANTÍPODA DO PENSAMENTO DE KELSEN E SCHMITT — 142
8.1.3. VIOLÊNCIA E POLÍTICA — 146

9. DIREITO E JOGO — 151
9.1. O *LUDUS* E O *JOCUS* — 155

POSFÁCIO: AS FRONTEIRAS DO DIREITO E OS LIMITES DO PENSAMENTO — 159
Joaquim Eduardo Pereira

BIBLIOGRAFIA — 165

APRESENTAÇÃO

Vivemos em uma época de desumanização. Ter empatia, ou acreditar que pessoas são mais importantes do que resultados, prazos ou lucros, pode resultar em demissão. Cursos de liderança e de gestão enfatizam competitividade e sublinham a necessidade de vitória, mas pouco falam que, para isso, é necessário que haja alguém para competir e derrotar.

Para ser competitivo e, assim, não se tornar um *homo sacer*, o homem usa de fragmentação. Divide-se. Toma lado, polariza-se. Cria especializações. Ao fazê-lo, perde a visão do todo e a capacidade de comunicar-se consigo mesmo e com o mundo. Torna-se míope. Enxerga, quando muito, um pouco melhor o que está muito perto de si e muito pior o que está longe. A fragmentação humana é bem refletida na miríade de conhecimentos que perderam sua ligação com a filosofia. Assim como se fragmentou o homem, fragmentou-se o saber, mas o homem não é mais feliz, tampouco parece saber mais, apesar de todo o seu adorno tecnológico.

O Direito, enquanto ficção cultural humana, não escapa desta fragmentação. Muito ao contrário. Ressente-se dela com toda intensidade. A grande crise que o direito vive é uma crise de humanidade, na verdade. As dificuldades que temos para *aplicar* o direito decorrem do fato de que, na verdade, ainda não compreendemos ou dominamos o seu processo interpretativo, o que significa basicamente que o direito perdeu sua conexão os demais saberes. É uma crise humana, sobretudo. *O que é interpretar, como interpretar, e como aplicar a interpretação?* As respostas para estes desafios não se encontram no direito. Elas se encontram no homem. Recuperarmos, portanto, o aspecto de humanidade que está a fugir de nós é imprescindível para o futuro, especialmente nesta quadra histórica onde há fartos sinais de que este modelo civilizatório de *fragmentação* de saberes e de *especialização* de conhecimento está chegando ao fim.

Afinal, o homem é o todo.

Daí que resgatarmos o contato e a vivência com as fronteiras do direito é fundamental, não só para reencontramos o direito, mas para descobrirmos a nós mesmos. Nenhuma ciência - assim como nenhum homem - basta a si mesma, nem mesmo a orgulhosa ciência jurídica. Urge, destarte, e já é passado o tempo, de reclamarmos pela totalidade, retirando o direito – e o homem – do isolamento que a fragmentação de mundo lhe colocou.

É nesta seara que localizo um dos maiores jusfilósofos do Brasil, alguém que não se fragmentou e manteve firmemente em mente a noção da totalidade de mundo - um dos únicos que - com mestria, consegue conciliar diversas áreas do conhecimento para produzir avanços no direito. Certamente, no Brasil, poucas pessoas podem ser chamadas de humanistas. Henrique Garbellini Carnio é uma delas.

Por ocasião de abordar um tema que é frequentemente ignorado pela doutrina – como tantos outros, diga-se de passagem – Henrique bem demonstra toda sua incrível capacidade de circular por entre assuntos distintos. Ao utilizar de um rodízio filosófico-científico bastante refinado, ora fazendo-o funcionar como elemento de comparação, ora como de crítica ou de advertência, nosso autor descreve as fronteiras do direito sublinhando o que nelas há de imprescindível à própria compreensão do que é o direito, lançando mão de uma proposta teórica que não se prende aos padrões tradicionais (e ultrapassados) do pensamento científico-jurídico.

É aqui que aponto algumas das perspectivas mais palpitantes da obra. O autor apresenta várias releituras de aspectos supostamente consolidados no direito, desnudando-os a ponto de percebermos o quanto nosso senso comum jurídico pode estar enganado. Noções como soberania estatal, distinção entre o homem e os animais, entre outras, são revistas e reapresentadas sob uma nova luz. Outro enfoque assaz instigante é a proposta da compreensão do direito como um jogo e da importância do prazer em sua aplicação.

Parece-me, ademais, relevante assinalar que o autor apresenta todos estes conceitos em uma linguagem fácil, escorreita, sem nenhum mistério, com verdadeira vocação para ensinar. Afigura-se ainda mais impressionante que seu encantamento e domínio pelos temas debatidos é visível a partir de uma simples leitura.

A esta altura, até para a melhor compreensão da obra, vou revelar quem o professor Henrique realmente é. E fazê-lo-ei porque o conheci e com ele convivi, tanto como aluno, tanto como amigo. Ele defende coisas que estão em desuso por alguns de nossos intelectos, e especialmente por alguns de nossos líderes. Ele crê que a ordem é melhor do que o caos, que a criação é melhor do que a destruição. Prefere a gentileza à violência, o perdão à vingança. Acredita religiosamente que a instrução é preferível à ignorância e tem certeza de que a simpatia é mais valiosa de que a ideologia. Crê também, apesar dos mais recentes triunfos do constitucionalismo e do direito público, que o homem não mudou tanto assim em sua sede pelo poder, por isso sustenta que a humanidade deve aprender o máximo possível com a História. Insiste ainda em uma ou duas crenças mais difíceis de resumir. Por exemplo, preza pela cortesia, ritual pelo qual evitamos ferir os sentimentos de outras pessoas na satisfação de nossos egos. E crê na possibilidade do diálogo como forma de promoção da união. Afirma também que não devemos esquecer que fazemos parte de um grande todo a que, por conveniência, chamamos de natureza.

Henrique Garbellini Carnio é um humanista, cuja obra toda é um alento contra a desumanização. Conhecer a ela é imprescindível, não só para promover uma melhor academia ou ciência jurídica, mas para um melhor mundo.

Faz. Aliança, Nhecolândia, Pantanal, Março de 2021.

Leonardo Avelino Duarte

PREFÁCIO

Orlando Villas Bôas Filho[1]

O livro *Fronteiras do direito – analítica da existência e crítica das formas jurídicas* consigna um genuíno trabalho de reflexão. Nele, observa-se uma densa e fundamentada análise que, ao longo de seu desenvolvimento, confronta o direito com temas cujo enfrentamento não é em nada trivial. Assim, sucessivamente, são enfocadas, com precisão e tino, as relações entabuladas pelo direito com o poder, a experiência, a política, a religião, o Estado, a biopolítica, a violência, a racionalidade jurídica e o jogo. Desnecessário ressaltar que uma empreitada dessa envergadura requer estudo sistemático, maturidade intelectual e capacidade de enfrentamento de questões de alta complexidade, qualidades que, reconhecidamente, se expressam no autor.

Henrique Garbellini Carnio, cujo consistente percurso intelectual e acadêmico dispensa maiores apresentações, figura entre os mais destacados pesquisadores brasileiros. Docente da Faculdade de Direito da Universidade Presbiteriana Mackenzie e dos Cursos de Graduação e de Pós-Graduação (em nível de Mestrado e de Doutorado) da Faculdade Autônoma de Direito de São Paulo (FADISP), o autor procurou per-

---

[1] Bacharel em Direito pela Faculdade de Direito da Pontifícia Universidade Católica de São Paulo. Bacharel em Filosofia pela Faculdade de Filosofia, Letras e Ciências Humanas da Universidade de São Paulo. Bacharel e Licenciado em História pela Faculdade de Filosofia, Letras e Ciências Humanas e pela Faculdade de Educação da Universidade de São Paulo. Mestre e Doutor em Direito pela Faculdade de Direito da Universidade de São Paulo. Pós-doutorado na *Université de Paris X (Nanterre)* e na École Normale Supérieure de Paris. Professor da Faculdade de Direito da Universidade de São Paulo e da Faculdade de Direito da Universidade Presbiteriana Mackenzie. Membro do *Réseau Européen Droit et Société*.

correr, no decurso de sua formação, a senda da pesquisa interdisciplinar. Assim, além de obter os títulos de Mestre e de Doutor em Direito na Pontifícia Universidade Católica de São Paulo, realizou um Pós-Doutorado na Universidade Estadual de Campinas (UNICAMP).

Essa perspectiva interdisciplinar se exprime em uma prodigiosa obra que enfoca temáticas complexas conjugando, especialmente, aportes da Filosofia, da Teoria do Direito, da Antropologia e da Sociologia. Essas considerações preliminares são importantes para que o leitor compreenda que, inscrevendo-se no âmbito de um sofisticado itinerário intelectual e acadêmico, *Fronteiras do direito – analítica da existência e crítica das formas jurídicas* não é um livro simples.

Ao longo dos capítulos que o constituem, a obra mobiliza, entre outros, autores como Theodor Adorno, Giorgio Agamben, Hannah Arendt, Aristóteles, Walter Benjamin, Jacques Derrida, Mircea Eliade, Michel Foucault, Thomas Hobbes, David Hume, Jürgen Habermas, Nicolau Maquiavel, Friedrich Nietzsche, Peter Sloterdijk, Carl Schmitt e Ludwig Wittgenstein, conjugando-os com antropólogos como Pierre Clastres, Clifford Geertz, Claude Lévi-Strauss e Marcel Mauss; com sociólogos como Auguste Comte, Émile Durkheim e Raymond Aron; com teóricos do direito como Arthur Kaufmann, Hans Kelsen, Joseph Kohler e até mesmo com a psicanálise de Sigmund Freud.

Não é simples congregar autores dessa magnitude sem recair no ecletismo que caracteriza a cultura ornamental do bacharelismo ainda vigente em parte significativa da produção jusfilosófica nacional. Fugir a esse lugar-comum torna ainda mais meritório o esforço consignado na obra que, articulando, de forma consistente, todos esses referenciais, reflete acerca das "fronteiras do direito", desenvolvendo uma "analítica da existência" para dela derivar uma "crítica às formas jurídicas". Evidentemente, trata-se de um projeto ambicioso e multifacetado. Contudo, apesar de sua amplitude, ele é levado a bom termo pelo autor a partir de uma argumentação consistente e da utilização equilibrada das perspectivas postas em diálogo.

Nesse particular, nota-se que, no desenvolvimento da obra, o manejo dos diversos autores é muito bem equacionado. Assim, por exemplo, observa-se a coerência com que Henrique Garbellini Carnio articula os autores por ele utilizados no primeiro capítulo (de Coulanges, Frazer e Mauss à Nietzsche, Sloterdijk e Byung-Chul Han, passando por Clastres, Tönnies e Durkheim). Também no segundo capítulo, e com especial acuidade no que tange à conjugação de certos aspectos dos pensamentos de Freud e de Nietzsche, o arranjo feito pelo autor é muito adequado. O mesmo ocorre na digressão de forte acento etnológico, realizada no terceiro capítulo, que, partindo das obras de Post, de Frazer e de Lévi-Strauss, passa pelas de Agamben, Nancy e Tarizzo para redundar na análise de Jhering acerca da proscrição.

Em seguida, ao correlacionar, no quarto capítulo, direito e religião, Henrique Garbellini Carnio, também de forma bastante consistente, parte de uma digressão pela obra de Mircea Eliade para, a partir daí, enfocar a clássica análise de Mauss e Hubert acerca do sacrifício, conjugando-a à de René Girard. O mesmo ocorre no quinto capítulo em que, sob o signo de Nietzsche, é enfocada a relação entre direito e Estado. O sexto capítulo (Direito e biopolítica) desenvolve-se, naturalmente, a partir do pensamento de Michel Foucault e chega aos de Hannah Arendt e de Giorgio Agamben. Estes dois últimos, articulados especialmente com Freud, respaldam a investigação sobre direito e violência, realizada no sétimo capítulo.

No oitavo capítulo, dedicado à racionalidade jurídica, que consigna a "crítica das formas jurídicas", parte de uma digressão inicial por Derrida para, em seguida, concentrar-se em Kelsen, Schmitt e Benjamin e, a partir especialmente de Agamben, discutir violência e política. Por fim, ao enfocar direito e jogo, o nono capítulo, parte da clássica obra Huizinga, articulando-a, porém, e sempre de modo coerente, entre outras coisas, com a questão da *parresía*, tal como esta é tratada por Foucault.

Evidentemente que não cabe a um prefácio resenhar a obra da qual constitui um exórdio. Consequentemente, o intuito deste pródromo não é senão o de tecer algumas considerações acerca de uma das indagações fundamentais suscitadas pela leitura deste livro de Henrique Garbellini Carnio e que serve justamente para ressaltar o seu caráter instigante: a questão do limite que, como se sabe, está no centro da reflexão de um importante "filósofo da existência", o franco-argelino Albert Camus.[2] Malgrado não constitua referência direta a estruturar a argumentação desenvolvida em *Fronteiras do direito*, é possível sus-

---

[2] No que tange ao enquadramento de Camus como um "filósofo da existência", ver: ONFRAY, Michel. *L'ordre libertaire*: la vie philosophique d'Albert Camus. Paris: Flammarion, 2012, p. 14 e 137; WORMS, Frédéric. *La philosophie en France au XXe siècle. Moments*. Paris: Gallimard, 2009, p. 322.

tentar que o pensamento de Camus apresenta significativos pontos de afinidade com a "analítica da existência" que seu autor desenvolve.[3]

Apesar de ser considerado um "filósofo existencial", Camus, desde muito cedo, protestou contra a assimilação automática de sua reflexão ao existencialismo que encontrava em Jean-Paul Sartre a sua grande vedete.[4] A alusão que a ele se faz aqui decorre da importância que a questão do limite como ideia reguladora assume no bojo de sua obra romanesca e filosófica.[5]

Em seu belo texto *L'exil d'Hélène*, Albert Camus enfatiza a centralidade da ideia de limite no pensamento grego para, com base nisso, criticar a sua ausência em nossa época.[6] Assim, segundo o autor de *Le mythe de Sisyphe*, entre os gregos, Nêmesis não seria, como comumente se supõe, a Deusa da vingança, e sim da "medida" (*mesure*), que pune implacavelmente aqueles que ousam ultrapassar os limites. Nesse particular, sublinha que, no pensamento ático, haveria uma relação inextricável entre

---

3 Entre outras coisas, há que se considerar a incontestável influência que o pensamento de Nietzsche, amplamente requisitado por Henrique Garbellini Carnio, exerce sobre Camus. A respeito, ver, sobretudo, ONFRAY, Michel. *L'ordre libertaire*: la vie philosophique d'Albert Camus, p. 85 e ss.

4 Para uma clássica e concisa análise da filosofia existencialista de Kierkegaard, Heidegger e Sartre, ver: BEAUFRET, Jean. *De l'existentialisme à Heidegger*: introduction aux philosophies de l'existence. Paris: Vrin, 2000, p. 11-54.

5 Acerca da importância do pensamento filosófico de Albert Camus, durante muito tempo desacreditado pelos ataques que, orquestrados por Sartre, desqualificaram a sua obra, ver: ONFRAY, Michel. *L'ordre libertaire*: la vie philosophique d'Albert Camus, p. 29-31; WORMS, Frédéric. *La philosophie en France au XXe siècle. Moments*, p. 321.

6 Não se desconsidera aqui a distância que nos separa das reflexões veiculadas pelo autor franco-argelino em *Le mythe de sisyphe* ou em *L'homme revolté*. Contudo, parece ser possível sustentar que seu diagnóstico ainda permanece válido para a nossa sociedade, o que implica afirmar que o "momento Camus", tal como Frédéric Worms o define, não está consumado. Cf. WORMS, Frédéric. *La philosophie en France au XXe siècle. Moments*, p. 320-336. Aliás, tendo em conta o miserável e trágico contexto brasileiro, assolado pela pandemia da Covid-19, pelo cinismo e pela incompetência governamental, as palavras de Camus ecoam com inquietante atualidade. Em uma conferência por ele aqui proferida em 1949, intitulada "O tempo dos assassinos", Camus afirma que "os executores já se instalaram nas cadeiras ministeriais. Eles apenas substituíram o machado pela tinta. Quando a morte se transforma numa questão estatística e administrativa, isso significa que alguma coisa não vai bem." CAMUS, Albert. O tempo dos assassinos. In: PINTO, Manuel da Costa (Org.). *Camus, o viajante*: antologia dos textos de Albert Camus sobre o Brasil. Tradução de Clóvis Marquês, Valerie Rumjanek e Sérgio Milliet. Rio de Janeiro: Record, 2019, p. 168.

a ideia de equidade e a de limite, o que a tornaria incomensurável com a nossa concepção moderna de uma justiça que se pretende absoluta.[7] Aliás, como enfatiza Camus, já se encontra em Heráclito a ideia de que a justiça estabeleceria uma delimitação ao próprio universo físico.

Analogamente, Martin Heidegger, em uma conferência proferida, em 1967, na Academia de Ciências e Artes de Atenas, ao analisar um relevo sagrado, localizado no Museu da Acrópole, em que Atena aparece como Deusa que lança o seu olhar meditativo para as fronteiras que dão contorno a um campo, reflete sobre esse mesmo tema.[8] Assim, segundo o autor de *Sein und Zeit*, o limite é o que constitui o objeto da meditação de Atena. Mas o que é o limite? Como enfatiza Heidegger, o limite não constitui apenas o contorno ou o enquadramento de algo, de modo a fixar a fronteira que delimita determinada coisa. Trata-se, sobretudo, daquilo que permite que algo reúna o que tem de próprio e possa, em toda a sua plenitude, se apresentar enquanto tal.[9]

Em clara consonância com o que é afirmado por Heidegger, Camus concebe o limite como uma espécie de ideia reguladora que remete à de medida. Assim, o limite indica a existência de uma fronteira que não pode ser ultrapassada sem que disso decorra transgressão. Vale notar, aliás, que, conforme Camus, o próprio sentimento de revolta relaciona-se com a ideia de limite.[10] Segundo ele, os próprios desvios revolucionários (o que remete à violência, tema do sétimo capítulo do livro de Henrique Garbellini Carnio) explicar-se-iam pela ignorância

---

7 Cf. CAMUS, Albert. *L'Été*. Paris: Gallimard, 2012 [1959], p. 75-76.

8 Cf. HEIDEGGER, Martin. La provenance de l'art et la destination de la pensée. In : HAAR, Michel (Dir.). *Martin Heidegger*. Paris: Éditions de l'Herne, 1983, p. 86. (*Cahiers de l'Herne*)

9 Segundo Heidegger, "la limite n'est certes pas seulement le contour et le cadre, n'est pas seulement le lieu où quelque chose s'arrête. La limite signifie ce par quoi quelque chose est rassemblée dans de qu'elle a de propre, pour apparaître par là dans toute sa plénitude, pour venir à la présence." HEIDEGGER, Martin. La provenance de l'art et la destination de la pensée, p. 86.

10 Como afirma Camus, "on retrouve la même idée de limite dans ce sentiment du révolté que l'autre « exagère », qu'il étend son droit au-delà d'une frontière à partir de laquelle un autre droit lui fait face et le limite. Ainsi, le mouvement de révolte s'appuie, en même temps, sur le refus catégorique d'une intrusion jugée intolérable et sur la certitude confuse d'un bon droit, plus exactement l'impression, chez le révolté, qu'il est « en droit de … »." CAMUS, Albert. *L'homme révolté*. Paris: Gallimard, 2000 [1951], p. 27.

ou pelo desconhecimento sistemático desse limite que, em seu entendimento, seria inseparável da natureza humana e que é justamente revelado pela revolta.[11]

Por conseguinte, refletir sobre as "fronteiras do direito" (e, portanto, sobre o que delimita o seu campo, permitindo-lhe exprimir-se com o que tem de próprio), tal como o faz Henrique Garbellini Carnio, constitui algo indispensável, especialmente em uma época de forte polarização, marcada pela ação desmesurada que ignora limites e transgride o equilíbrio da justiça, tal como os tiros desferidos por Meursault contra o "árabe" (personagem de desconcertante anonimato), em uma praia da Argélia colonial, destruíram o "equilíbrio do dia".[12]

Nesse sentido, pelo modo como se estrutura, pela amplitude de sua análise e pelo seu contorno ensaístico, a obra *Fronteiras do direito: analítica da existência e crítica das formas jurídicas* – a meu ver comparável, sob diversos aspectos, à empreitada nada trivial que André Comte-Sponville desenvolve em seu *Petit traité des grandes vertus*[13] – vocaciona-se a ser uma obra de referência, pois, além de nos prover de informação, tem o mérito de nos incitar à reflexão.

---

11 Cf. CAMUS, Albert. *L'homme révolté*, p. 367. Para um excelente comentário dessa passagem do pensamento de Camus, ver: MATTÉI, Jean-François. *Citations de Camus expliquées*. Paris: Eyrolles, 2013, p. 151. A respeito, ver também: DEWITTE, Jacques. Le "oui" comme ontologie du déjà-là. Notes sur L'homme revolté. In: MATTÉI, Jean-François (Coord.). *Albert Camus*: du refus au consentement. Paris: Presses Universitaires de France, 2011, p. 99-125.

12 Ver a passagem em que Meursault narra o assassinato por ele cometido. CAMUS, Albert. *L'Étranger*. Paris: Gallimard, 2000 [1942], p. 95.

13 Cf. COMTE-SPONVILLE, André. *Petit traité des grandes vertus*. Paris: Presses Universitaires de France, 1995.

1. DIREITO E PODER

A proposta de uma teoria do direito será redundante, por um lado, se for pautada na simples verificação do conteúdo social do direito, por outro lado, será meramente descritiva se embasada na investigação histórico-cronológica do pensamento jurídico. A redundância e a descrição, entretanto, povoam a maioria dos estudos jurídicos.

A insistência de pesquisas sobre o direito nesta "zona de conforto" pouco contribui para a compreensão da complexidade do fenômeno jurídico e sua característica de promover dominação e exercitar violência.

Diante desse fato, cabe, então, propor uma depuração crítica orientada sob outra perspectiva metodológica, isto é, uma investigação antropológica - de cariz etnológico[14] - sobre o direito em seu relacionamento embrionário com a noção de poder.

O ambiente desse relacionamento - e os termos que aos poucos vão com ele se conjecturar, como os conceitos de violência, poder, força, dominação e exceção -, constituem a base de uma pesquisa que pretende ter fôlego para investigar o direito em seu dimensionamento político. Mais: pretende-se compreender como este fato determina a necessidade de se rever as *formas jurídicas*.

Se tal análise fosse pautada nas protocivilizações, como nas comunidades tribais, encontrar-se-ia uma genealogia do próprio direito, do poder e da civilização. Nelas verifica-se que as relações de débito e crédito (troca, escambo) e seu violento desenvolvimento, marcado pelo

---

14 Albert Hermann Post foi um dos principais autores a se dedicar ao estudo etnológico do direito. Em seu *Esboço de uma jurisprudência etnológica* (*Grundriss der ethnologischen jurisprudenz*). Logo na Introdução (*Einleitung*) o autor apresenta a importância do estudo etnológico do direito. Cf. POST, Albert Hermann. *Grundriss der ethnologischen jurisprudenz*, Oldenburg und Leipizig: A. Schwartz, 1984, n. 1, § 1°.

medo e castigo dos ancestrais, determinaram as relações humanas e propiciaram o terreno de todo o processo civilizatório.[15]

Poder-se-ia, ainda, restringir essa relação ao reducionismo que limita o direito às relações de poder, causando sua politização absoluta com ramificações possíveis para o absolutismo, autoritarismo e mesmo totalitarismo.

Por fim, projetando de forma histórica tal análise, chegar-se-ia à figura do Estado Moderno e toda sua configuração político-jurídica, o que ocasiona outro tipo de reducionismo, metodologicamente dizendo, pois torna a política e o próprio direito numa *forma jurídica* de exercício do poder.

Como se vê, a questão lançada perpassa a matriz antropológica do "processo civilizatório", como também as teorias contratualistas e suas críticas em relação às teorias da dominação e poder como configuradoras do Estado. Ela perpassa também o positivismo normativista kelseneano, o decisionismo schmittiano e suas instâncias críticas atuais (cujas retomadas ganharam intensas propostas nos estudos jurídicos do pós-guerra) e apontam para a conjuntura de se caracterizar a legitimidade do emprego da violência pelo direito para regular as relações sociais.

Sua orientação corre pela trama que envolve o direito e sua relação com o poder e seu desenvolvimento revela uma zona fundante de indeterminação entre os conceitos da filosofia política e da filosofia jurídica.

A *forma* desta indeterminação incita a uma proposta teórica que não se prenda aos padrões tradicionais do pensamento científico do direito. Tal teoria almeja a possibilidade de uma abertura do pensamento jurídico para outras formas de conhecimento, saberes e métodos.

O intuito de apresentar algo em forma de teoria decorre da assunção de um compromisso com o estudo do direito atrelado à sua dinâmica científica e a recepção dos esforços filosóficos no âmbito da filosofia da linguagem e dos estudos das lógicas transclássicas.

Além disso, a insistência de uma discussão que ainda permaneça na ciência leva em conta o fato de que a ciência jurídica é um elemento fun-

---

15 A referência sobre a investigação das comunidades tribais aqui explorada tem como base condutora minha dissertação de mestrado. Cf. CARNIO, Henrique Garbellini. *Kelsen e Nietzsche: aproximações do pensamento sobre a gênese do processo de formação do direito*. Pontifícia Universidade Católica de São Paulo – PUC/SP, 2008, p. 19-48. O material da referida dissertação foi ampliado e se transformou em livro, atualmente em sua 2 edição. Cf. CARNIO, Henrique Garbellini. *Direito e antropologia*. 2 ed., São Paulo: Saraiva, 2020.

damental da tradição do pensamento ocidental, pois, pelo menos desde o século XII, os estudiosos do direito compuseram uma série de estudos dispostos a ordenar e sistematizar os conjuntos de textos normativos.

A rigor, a ciência do direito, nesse contexto, é a própria base das ciências sociais. Isto é muito pouco evidenciado nos escritos sobre o direito, muito provavelmente pelo ranço da noção de "rigor" causado na tentativa de acesso "científico" das *formas jurídicas* e, também, em razão de como seu estudo se comprometeu com a analogia das pesquisas nas então chamadas ciências da natureza - em especial na matemática - e isto gerou a construção dos grandes modelos sistemáticos de conhecimento do direito e teve como apogeu o século XVIII, cuja depuração máxima foi sentida com a doutrina (*Lehre*) kelseniana nos séculos XIX e XX.

Harold Berman chega a afirmar que a ciência jurídica representa uma espécie de "protótipo" das ciências ocidentais (modernas) e não o contrário, como comumente se identifica. Nas palavras do autor: *"uma ciência, no sentido ocidental moderno, pode ser definida por três conjuntos de critérios: o critério metodológico, o da validade e o sociológico. Por qualquer um dos três, a ciência dos juristas do século XII foi a progenitora das ciências ocidentais modernas."*[16]

Conceber o direito como modelo originário do pensamento científico social corresponde a um primeiro deslocamento na *forma* de seu pensamento. Da mesma maneira que nas comunidades tribais o sentido do direito entoa as primeiras manifestações sociais, o mesmo se passa como ele sendo modelo do pensamento científico social. No fundo, iniciamos sempre de um mesmo lugar, modificando contornos.

Se o que passamos a denominar direito tem essa potência, não é possível manter sua concepção como algo despregado do que nos constitui enquanto viventes, a saber, seres de (a)bando(no), em outras palavras, políticos. Inclusive, cada vez mais difícil manter essa elaboração nos tempos atuais com a cibernética e uso da inteligência artificial.

Daí a constatação de que direito e política são indissociáveis e, enquanto fenômenos tipicamente humanos, encontram-se enraizados nas dimensões mais profundas do homem, até mesmo em seu próprio corpo[17], que

---

16 BERMAN, Harold. *Direito e Revolução*, São Leopoldo: Unisinos, 2006, p. 190.

17 GHIRALDELLI JUNIOR, Paulo. *O corpo: filosofia e educação*, São Paulo: Ática, 2007 e ASSMAN, Selvino; PICH, Santiago; GOMES, Ivan Marcelo; VAZ, Alexandre Fernandez. *Do poder sobre a vida e do poder da vida: lugares do corpo, biopolítica*, Temas e matizes, 2009, v.11, p. 19-27.

se apresenta como um sustentáculo de ambos, seja nas comunidades tribais, seja na sociedade contemporânea.

Nesta linha de raciocínio, o compromisso de uma investigação política é própria do direito, do mesmo modo que é próprio a este uma investigação política.

O esforço dessa conjunção tem como objetivo realizar um estudo do direito, de caráter fundamental, em conexão com a política. As implicações dessa relação reivindicam uma dimensão de estudos psicológicos.

Direito e política podem ser pensados como dimensões que correspondem, em sua imbricação, aos elementos originários de nossa sociabilidade e a eles deve-se somar um terceiro elemento também dimensional, integrante e fundamental: a nossa psiquê.

Se o sentido do direito e da política vem das relações de troca desde as formas mais rudimentares de nossa sociabilidade, o ocaso da memória também. Basta lembrar da conhecida constatação nietzschiana do homem como ser de esquecimento que aprende a lembrar - ter memória - pelo fato de ser considerado devedor de alguém[18].

Não nos parece viável, portanto, propor uma teoria que aposte numa abordagem histórica meramente lógica - histórico-cronológica -, ou mesmo histórico-monumental[19]. O estudo aqui proposto se guiará na

---

18 Cf. NIETZSCHE, Friedrich W. *Genealogia da moral: uma polêmica*. Tradução de Paulo Cesar de Souza. São Paulo: Companhia das Letras, 2007. Segunda Dissertação.

19 Nietzsche na segunda *Consideração extemporânea* apresenta a ideia de uma história monumental: "Somente se a Terra iniciasse sempre de novo sua peça de teatro depois do quinto ato, se estivesse firmemente estabelecido que o mesmo nó de motivos, o mesmo *deus ex machina*, a mesma catástrofe, retornassem a intervalos determinados, poderia o forte desejar a história monumental em toda sua *veracidade* icônica, isto é, cada fato precisamente descrito em sua especificidade e singularidade: provavelmente, portanto, não antes que os astrônomos se tenham tornado outra vez astrólogos. Até então, a história monumental não poderá usar daquela veracidade total: sempre aproximará, universalizará e por fim igualará o desigual; sempre depreciará a diferença dos motivos e das ocasiões, para, à custa das *causas*, monumentalizar os *effectus*, ou seja, apresentá-los como modelares e dignos de imitação: de tal modo que, porque ela prescinde o mais possível das causas, poderíamos denominá-las, com pouco exagero, uma coletânea de 'efeitos em si', de acontecimentos que em todos os tempos farão efeito. Aquilo que é celebrado nas festas populares, nos dias comemorativos religiosos ou guerreiros, é propriamente um tal 'efeito em si': é ele que não deixa dormir os ambiciosos, que está guardado como um amuleto no coração dos empreendedores, e não a conexão verdadeira-

linha de uma investigação fenomenológica, analítico-existencial, que tomará como referência o conceito de bando (*Bann*) nas comunidades tribais, desenvolvido sobremaneira no arcaico direito germânico como uma transposição posterior da matriz composta pelo princípio social da retribuição - de direito obrigacional, de débito e crédito.

As primeiras manifestações jurídicas surgem nas comunidades tribais e ordinariamente costuma-se considerá-las como revestidas de caráter religioso, levando-se em conta, principalmente, que as instituições religiosas eram as dotadas de maior autoridade nos grupos sociais nos quais as funções de trabalho individuais e o sentido de vida coletivo ainda não haviam ensejado algo como o Estado.

Nessa ordem, o estudo trata da conexão entre os fenômenos jurídicos e religiosos a um momento anterior ao da formação da civilização moderna, a um momento no qual os indivíduos prescindiam da crença abstrata de um ente superior, transcendente.

Nesse momento, contudo, nutriam um sentimento diferente acerca do divino e sobrenatural, reconhecidamente um sentimento mágico e não autenticamente religioso. Era justamente nesse processo primevo de humanização que havia a predominância da ancestral de direito pessoal *obligatio* que vigia nos atos de troca, de escambo - de débito e de crédito; atos que determinam a forma mais antiga das relações humanas nos primórdios dos patamares civilizatórios.

A transposição dessa matriz originária do processo civilizatório, que indica os pontos iniciais não só da religião como do direito, encontra no conceito de bando a procedência – *pudenda origo* – da política.

Aqui, os pilares que sustentam a base da nossa investigação se completam. Pensando esses pilares em termos dimensionais temos na origem de nossa sociabilidade as experiências fundamentais do direito, da política, da psicologia e da religião.

Para conseguir avançar, por isso, utilizaremos o conceito que corresponde à transposição da matriz das trocas entre os homens (*obligatio*) - originária de nossa sociabilidade - que é o bando. E do termo bando chegaremos ao conceito de banimento, isto é, a expulsão - a *ex-clusão* - do integrante do bando para fora do laço social. "*O banimento corres-*

---

mente histórica de causas e efeitos que, completamente conhecida, só provaria que nunca sairá de novo um resultado exatamente igual no jogo de dados do futuro e do acaso". Cf. NIETZSCHE, Friedrich Wilhelm. Considerações extemporâneas in *Os Pensadores* (col.), 1974, vol. XXXII, p. 69.

ponderia, então, a um desligamento subsequente ao rompimento da obligatio, que vincula os membros de uma sociedade à obediência a seus usos e costumes; ele tem, portanto, o sentido de uma expulsão da comunidade, onde reinam a paz e a lei [Friedlosigkeit], expondo o infrator desprotegido à violência e ao arbítrio de forças naturais ou humanas.[20]

No revolvimento deste solo encontra-se um conceito originário de política, não tradicionalmente estudado no direito, mas que contribui para compreensão da indissociável ligação entre política e direito e para o reconhecimento de que tanto o direito quanto a política se enraízam nas noções de força e violência.

Pensar o bando como a relação política originária permite, também, por em questão toda teoria da origem contratual do poder estatal[21]. No processo de formação do Estado, suas vias são orientadas, primordialmente, por relações de dominação e poder.

Da formação da figura do Estado moderno para os seus desdobramentos, a política ocidental moderna se apresentou, primeiro, como uma sociedade disciplinar formada por sujeitos de obediência que experienciam proibições, mandamento e leis como imperativos que geram loucos e delinquentes. Essa sociedade bem expressa por Michel Foucault tem sua disposição inicialmente ordenada nos séculos XVII e XVIII e firma-se, dali em diante, numa era biopolítica[22].

Posteriormente, no século XX, as experiências sociais retratam o problema de um tempo bacteriológico que movimentou o surgimento de uma era imunológica - bem presenciada, em algum sentido, nos dias de hoje,

---

20 GIACOIA JUNIOR, Oswaldo. A autossupressão como catástrofe da consciência moral in *Estudos Nietzsche*, Jan/Jun 2010, vol. 1, n. 1, p. 97.

21 NANCY, Jean-Luc. *L'imperativo categorico*, Nardò: Besa, 2011.

22 O termo biopolítica instaura um novo modelo de relacionamento humano que ressalta a tomada do poder sobre o homem enquanto ser vivo e que tem no Estado do século XIX sua força catalisadora. Segundo Foucault: [...] uma das mais maciças transformações do direito político do século XIX consistiu, não digo exatamente em substituir, mas em completar esse velho direito de soberania – fazer morrer ou deixar viver – com outro direito novo, que não vai apagar o primeiro, mas vai penetrá-lo, perpassá-lo, modificá-lo, e que vai ser um direito, ou melhor, um poder exatamente inverso: poder de 'fazer' viver e de 'deixar' morrer [...]. FOUCAULT, Michel. Aula de 17 de março de 1976 in *Em defesa da sociedade*, São Paulo: Martins Fontes, 2002, p. 287. Sobre o contexto do conceito de biopolítica e suas formas atualmente, cf. ESPOSITO, Roberto. *Bíos: biopolitics and philosophy*, Minneapolis: University of Minnesota press, 2008, p. 13-44.

em razão da pandemia de Covid-19. Essa época estruturou-se na divisão dicotômica do amigo e inimigo, dentro e fora, próprio ou estranho. O risco é sua marca. Um exemplo é a Guerra Fria e como o dispositivo militar do ataque e defesa invoca uma ação imunológica. O que é estranho - mesmo sem ser hostil - é afastado em virtude de sua alteridade.[23]

No século XXI novos contornos se apresentam. O paradigma da sociedade disciplinar - e mesmo de uma sociedade imunológica - sofre uma mudança. Passamos de uma sociedade disciplinar para uma sociedade do desempenho. Nela impera a ideia de positividade: quanto mais produzo, melhor. O sujeito torna-se empresário de si mesmo. Ele continua disciplinado e tem como meta sua máxima produtividade. Do ponto de vista patológico, por definição, ele não é mais bacteriológico nem viral, mas neuronal. A paisagem metodológica é a de doenças neuronais como depressão, transtorno de déficit de atenção com síndrome de hiperatividade, síndrome de burnout, dentre outas.[24]

Tudo isso é catalizado pelos incrementos da tecnologia da informação, inteligência artificial e as "big techs" promovendo uma suposta lógica de economia do compartilhamento[25] que, cada vez mais, nos

---

23 HAN, Byung-Chul. *Sociedade do cansaço*. Petrópolis/RJ: Vozes, 2015, cap. 1.

24 HAN, Byung-Chul. *Sociedade do cansaço*. Petrópolis/RJ: Vozes, 2015, cap. 1.

25 A economia do compartilhamento aparece como uma onda de novos negócios que usam a internet para conectar consumidores com provedores de serviço para trocas no mundo físico. Os exemplos mais comuns são aluguéis imobiliários de curta duração, viagens de carro ou tarefas domésticas. Na crista desta onda estão, certamente, *Uber* e *Airbnb*. O crescimento destas empresas é vertiginoso e o *marketing* deles é de que estão desbancando as indústrias tradicionais de transporte e hotelaria. Atrás dessas duas há mais um monte de outras empresas que competem para se juntar a elas no mundo da economia do compartilhamento. O que chama a curiosidade é o modo como a economia do compartilhamento se situa em duas facetas: um novo tipo de negócio e um movimento social. Há um cenário de grandes promessas por trás disso tudo. Primeiro argumento: nós construímos nossa comunidade, ao invés de sermos consumidores passivos e materialistas. É a promessa de uma nova era. Segundo argumento: a economia do compartilhamento promete ajudar prioritariamente indivíduos vulneráveis a tomar o controle de suas vidas. Eles podem se tornar microempresários. São pessoas que se autogerenciam e que a todo momento promovem um movimento de entrada e saída deste modelo flexível de trabalho. Terceiro argumento: é uma visão igualitária, na qual as relações de troca são de igual-para-igual, diferente de organizações hierárquicas e, o principal, são garantidas pela habilidade virtual que a internet tem de conectar pessoas. Como se fosse a construção de um paradigma em que podemos – mesmo – confiar uns

coloca de frente para a necessidade de um máximo desempenho que, se não gerar um infarto do coração, vai gerar um infarto psíquico.

Tais paradigmas causam experiências afetivas que se apresentam como relacionais em nossas vidas. Mesmo que a pandemia de Covid-19 tenha nos retomado a experiência de uma época viral, cuja corrida é para se conseguir a vacina que supera o vírus, é impressionante como o trabalho disciplinado em "home office" e as "lives" têm se tornado uma competição de quem faz e produz mais - e muita das vezes, tendo a si mesmo como concorrente -, tudo no perfeito esquema do supremo desempenho.

Fato é que, desde seu início, as relações humanas são tomadas de dominação e poder e é justamente isto, na matriz do processo da nossa sociabilidade, que envolve as bases da política, do direito, da religião e até mesmo do processo de desenvolvimento psicológico dos homens.

Os indícios desta investigação fornecem a possibilidade de se deslocar interpretações de conceitos jurídicos fundamentais e permitem uma reflexão diferenciada sobre o relacionamento do direito com o poder e a premente necessidade de ressignificação de conceitos e *formas jurídicas*.

Tais indícios também revelam que as questões postas como pontos de interlocução em nossa hipótese não são normalmente consideradas como aptas a um tratamento científico, pois não estão de acordo com o padrão ou paradigma predominante na modernidade no direito, a saber, o positivista. O positivismo foi a base na qual se desenvolveu uma crença na possibilidade de se atingir uma verdade definitiva, desde que abdicando de certa dimensão dos problemas que enfrentamos enquanto sujeitos.

Ocorre que é exatamente nessa dimensão subjetiva em que somos atingidos e questionados sobre o valor e sentido de nossa própria existência. Dessa forma, a tarefa a que nos propomos nesta obra é a de ir além deste padrão.

---

nos outros. Quarto argumento: a economia do compartilhamento promete ser uma alternativa sustentável para o comércio de grande circulação. A ideia é de haver, entre os indivíduos, um uso e aproveitamento melhor de recursos subutilizados. A economia do compartilhamento propaga um livre mercado inóspito e desregulado em áreas de nossas vidas – que implicam no cotidiano de nossas vidas – que até então eram reguladas. Por trás do *slogan* "Economia do Compartilhamento" há grandes companhias dominantes dos setores que se tornaram forças esmagadores e para poderem se manter passam a desempenhar um papel extremamente invasivo nas trocas que intermedeiam. Sobre o tema, Cf. MOROZOV, E. *Big Tech: a ascensão dos dados e a morte da política*. São Paulo: Ubu, 2018. e SLEE T. Uberização: a nova onda do trabalho precarizado. São Paulo: Elefante; 2017.

1.1. O PODER NAS COMUNIDADES TRIBAIS

O desenvolvimento das investigações etnológicas permitiu que o estudo das ditas comunidades tribais não ficasse relegado aos planos do exotismo e romantismo. No campo jurídico os estudos etnológicos relacionados ao direito apareceram com maior especificidade nos séculos XIX e XX.

No regresso ao sentido constitutivo de nossa sociabilidade pode ser encontrada a verdadeira polêmica sobre o sentido originário do direito, e, nessa medida, do próprio processo de formação da religião e do Estado.

Nas comunidades tribais ocorria o conhecido fenômeno do "sincretismo normativo". As normas que regulavam a vida social eram agregadas num conjunto indiviso, de maneira que não era possível discriminar quais teriam natureza moral, jurídica, religiosa ou social. Este sincretismo também era acompanhado do fenômeno do "animismo"; na interpretação do homem das tribos a natureza era habitada por espíritos e em sua falta de consciência de um "eu" tomava os animais, plantas e objetos inanimados por essencialmente similares aos homens. Não havia, portanto, uma diferença essencial entre homem, animal, plantas e demais objetos inanimados da natureza.[26]

As primeiras manifestações jurídicas surgem nas comunidades tribais, e, ordinariamente, costuma-se considerá-las como revestidas de caráter religioso, levando em conta principalmente que as instituições religiosas eram as dotadas de maior autoridade nos grupos sociais nos quais as funções de trabalho individuais e o sentido de vida coletivo ainda não haviam ensejado algo como o Estado.

Essa ocorrência pode ser encontrada em obras clássicas, como *A cidade antiga* de Fustel de Coulanges. Nela há a descrição de como entre os gregos, os romanos e até mesmo entre os hindus a lei surgiu, a princípio, como uma parte da religião e de como os códigos eram um conjunto de ritos, de prescrições litúrgicas e orações, ao mesmo tempo em que eram disposições legislativas. Isso antevia a explicação de que os mesmos homens que eram pontífices eram jurisconsultos, o que resultava na confusão de direito e religião como um todo.[27]

---

26 CARNIO, Henrique Garbellini. *Direito e antropologia*, cit., capítulo 1.

27 COULANGES, Fustel de. *A cidade antiga: estudos sobre o culto, o direito e as instituições da Grécia e de Roma*, Trad.: Edson Bini, 2 ed., São Paulo: Edipro, 1999, p. 154-165.

Predominavam nas comunidades tribais as relações de troca, de escambo, que num primeiro momento, pela ausência do auto reconhecimento de si do homem tribal, implicavam na busca de supressão das necessidades dos membros que as compunham, inexistindo qualquer ideia de proporcionalidade.[28]

Daí que o apanágio da sociabilidade surge na matriz das relações de troca, em especial, no surgimento das relações entre credor e devedor, que determinam a forma mais antiga das relações humanas nos primórdios dos patamares civilizatórios.

Explicando de forma mais detalhada, a ideia é a de que o estabelecimento organizacional das sociedades tribais se dava pelas trocas entre os homens e as autoridades sobre-humanas, que, por assim ser, eram representadas na forma de um fenômeno que identificava um vínculo jurídico originário expresso na mesma noção de *obligatio* cunhada pelo direito privado romano.[29]

---

[28] Dois importantes autores que refletem sobre o tema proposto são Marcel Mauss e James Frazer. Referida ideia de proporcionalidade tem como temática o princípio da retribuição. Considerar os princípios lógicos da magia como relacionados ao princípio da retribuiçãoencontra uma ressalva na análise de Marcel Mauss em seu ensaio *Esboço de uma teoria geral da magia*. Para Mauss, Frazer acaba aplicando o princípio da causalidade ao considerar que o homem da tribo, que anteriormente se acreditava como senhor das forças naturais ao sentir sobre si a resistência da natureza, acaba dotando-a de forças misteriosas. Assim, depois de ter sido Deus povoa o mundo dos deuses e devota-se em adoração a eles, pelo sacrifício e pela prece. Isto, para Mauss, trata-se de uma causalidade experimental e não uma causalidade mágica porque "a percepção da resistência do mundo em aceitar seu domínio mágico, pela consequente falibilidade de seus rituais, atestada pelo malogro de experiências sucessivas, termina por acarretar a submissão às forças misteriosas e sobrenaturais que não consegue controlar – "après avoir été dieu, il a peuplé le monde de dieux". GUERRA FILHO, Willis Santiago e CARNIO, Henrique Garbellini. *Teoria política do direito: a expansão política do direito*. 2 ed., São Paulo: RT, p. 26. Nesse sentido, uma abordagem sobre o princípio da retribuição surge à tona na crítica de Mauss a Frazer, apesar dele não a sugerir. Outro ponto importante sobre estes dois autores é sobre a relação entre magia e religião. Frazer sugere a hipótese de que haveria uma linha evolutiva partindo da magia passando pela religião, para chegar à ciência. Já, para Mauss, não há evolução de uma para outra, mas uma relação, isto é, elas se embrincam. Cf. MAUSS, Marcel. *Sociologia e antropologia*, Trad.: Paulo Neves, São Paulo: Cosac Nayfe, 2003, p. 51 e FRAZER, James George. *O ramo de ouro*, Trad.: Waltensir Dutra, Rio de Janeiro: Editora Guanabara Koogan S.A., 1982, p. 34.

[29] Segundo Nietzsche: "A relação de direito privado entre o devedor e seu credor, do qual já falamos longamente, foi mais uma vez, e de maneira historicamente

O conceito de *obligatio* romana é definido por Paul Jörs e Wolfgang Kunkel como obrigação, ou seja, o direito de obrigação corresponde à ideia de que o devedor estava ligado ao credor. Tal ideia era percebida por um critério de responsabilidade (responsabilização), que na época do direito romano clássico já havia cedido consideravelmente, tanto que os juristas da época a empregavam com a mesma significação de *obligatio* o termo *debitum*, que designava o dever de realizar a prestação[30].

Seguindo as trilhas do pensamento nietzscheano, é na relação entre a obrigação de direito pessoal e na rudeza e crueldade dos castigos primevos que se revolve o solo antropológico do surgimento de conceitos *"que serão, mais tarde, o apanágio da sociabilidade e da moralidade, tais as categorias fundamentais do imaginário religioso, como também a noção*

---

curiosa e problemática, introduzida numa relação na qual talvez seja, para nós, homens modernos, algo inteiramente incompreensível: na relação entre os *vivos e seus antepassados*. Na originária comunidade tribal – falo dos primórdios – a geração que vive sempre reconhece para com a anterior, e em especial para com a primeira, fundadora da estirpe, uma obrigação jurídica (e não um mero vínculo de sentimento: seria ilícito inclusive contestar a existência deste último durante o mais longo período da espécie humana). A convicção prevalece de que a comunidade subsiste apenas graças aos sacrifícios e às realizações dos antepassados – e de que é preciso lhes pagar isso com sacrifícios e realizações: reconhece-se uma *dívida* [*Schuld*], que cresce permanentemente, pelo fato de que os antepassados não cessam, em sua sobrevida como espíritos poderosos, de conceder à estirpe novas vantagens e adiantamentos a partir de sua força. Em vão, talvez? Mas não existe "em vão" para aqueles tempos crus e "sem alma". O que se pode lhes dar em troca? Sacrifícios (inicialmente para alimentação, entendida do modo mais grosseiro), festas, músicas, homenagens, sobretudo obediência – pois os costumes são, enquanto obra dos antepassados, também seus preceitos e ordens -: é possível lhes dar bastante? Esta suspeita permanece e aumenta: de quando em quando exige um imenso resgate, algo monstruoso como pagamento ao "credor" (o famigerado sacrifício do primogênito, por exemplo; sangue, sangue humano em todo caso). Segundo esse tipo de lógica, o *medo* do ancestral e do seu poder, a consciência de ter dívidas para com ele, cresce necessariamente na exata medida em que cresce o poder da estirpe, na medida em que ela se torna mais vitoriosa, independente, venerada e temida. Não ao contrário! E todo passo para o debilitamento da estirpe, todo acaso infeliz, todos os indícios de degeneração, de desagregação iminente, *diminuem* o medo do espírito de seu fundador, oferecendo uma imagem cada vez mais pobre de sua sagacidade, de sua previdência e da presença de seu poder. NIETZSCHE, Friedrich Wilhelm. *Genealogia da moral: uma polêmica*, Trad.: Paulo César de Souza, São Paulo: Companhia das letras, 2007, Segunda Dissertação, § 19, p. 77

30 JÖRS, Paul; KUNKEL, Wolfgang. *Derecho Privado Romano,* Barcelona: Editorial Labor S. A., 1937, § 100, p. 234.

moral de culpa, o sentimento de dever, a consciência da responsabilidade e da autonomia".[31]

Portanto, indicado o ponto de partida, cabe agora explorar a questão do exercício do poder nos povos tribais para que se possa compreender a noção da imediata transposição da matriz de débito e crédito para o conceito de bando.

1.1.1. A NOÇÃO DE PODER E A HOMOGENEIDADE DOS POVOS TRIBAIS

A pista inicial sobre a exploração do conceito de poder nos povos tribais pode ser introduzida por meio da seguinte pergunta: o que se entende exatamente por comunidade tribal?

Pierre Clastres desenvolve uma interessante abordagem ao colocar essa pergunta e indicar que sua resposta pode ser fornecida pela mais clássica antropologia. Em sua definição elas são sociedades[32] sem

---

[31] GIACOIA JUNIOR, Oswaldo. Nietzsche e a genealogia do direito in *Crítica da Modernidade: diálogos com o direito*, Ricardo Marcelo Fonseca (org.), Florianópolis: Fundação Boiteux, 2005, p. 30.

[32] Até aqui havíamos utilizado o conceito de comunidade para as tribos, entretanto ao usar a referência do pensamento de Pierre Clastres a palavra sociedade aparece em seu texto. Para deixar claro, comunidade e sociedade são conceitos distintos e entendemos ser mais adequado utilizar para as tribos a ideia de comunidade, uma vez os indivíduos tendem a se confundir com o próprio grupo e nelas impera a ideia de homogeneidade. Tönnies tem uma interessante distinção que apresentamos para reflexão do leitor: a comunidade é protagonista, pois ela não só aparece primeiro do que a sociedade, como também é mais antiga que a sociedade e anterior a toda distinção entre formas de vida em comum. O primeiro ponto que marca a distinção entre comunidade e sociedade em sua obra aparece no parágrafo 1 do "Tema". Ele apresenta duas categorias chave de sua sociologia: a de relação (*Verhältnis*) e a de "união" (*Verbindung*). Distingue Tönnies, então, entre categorias positivas e negativas, sendo ambas consideradas expressões da vontade humana e de suas forças. Ao se debruçar somente à forma positiva, a qual denomina como "relações de afirmação recíproca", chama de "união" o grupo formado por esta relação, concebido como coisa ou ente que atua de um modo unitário tanto de dentro como de fora. Para ele, a "relação" e também a "união" se concebe como vida real e orgânica – e então é a essência (*Wesen*) da *comunidade* –, bem como formação ideal e mecânica que remetem ao conceito (*Begriff*) de *sociedade*. Apesar da diferença entre os conceitos de comunidade e sociedade, estas coincidem num ponto: ambas noções expressam relações recíprocas que tendem a unidade ou mais precisamente à união, de tal forma que, sem relação e sem união, não se concebe nenhuma classe de vida comum. Segundo Tönnies a unidade (*Einheit*) representa-se como sujeito

Estado, cujo corpo não possui órgão separado do poder político. É conforme a presença ou a ausência do Estado que se opera uma primeira classificação das sociedades.[33]

A diferenciação entre elas permite compreender que as sociedades com Estado são divididas, em seu ser, em dominantes e dominadas – como evidenciam Maquiavel no cap. XVIII de *O príncipe*[34] e Hobbes no seu mitologema do pacto social[35] -, enquanto as sociedades sem Estado ignoram essa divisão, apesar de serem reguladas, também, por relações de força e dominação.

Essa interpretação nos ajuda a refletir sobre a noção de que as tribos como "sociedades sem Estado" são homogêneas (indivisíveis), *"reconhecemos aqui a definição etnológica dessas sociedades: elas não têm órgão separado do poder, o poder não está separado da sociedade".*[36]

Na obra *A divisão do trabalho social*[37] Durkheim também nos aponta para essa característica das comunidades. A rigor, como nota Raymond Aron, o tema principal deste livro se estrutura na relação entre indivíduos e a coletividade, surgindo daí os seguintes questionamentos: 1) Como pode uma coleção de indivíduos constituir uma sociedade? 2) Como se chega a esta condição da existência social que é o consenso?[38]

A resposta de Durkheim a esses questionamentos revela um elemento especial, muito importante dentro de suas teorias, a saber, o conceito de solidariedade social, que o conduziu à distinção dos principais tipos de grupos sociais.

---

de movimento ou como parte integrante de um conjunto, é produto de uma ficção cientificamente necessária, ficção essa que consiste em pensar os fenômenos sociais como unidades delimitáveis. Cf. TÖNNIES, Ferdinand. *Comunidad y sociedad*. trad. de J. Rovira Armengol, Losada, Buenos Aires, 1947, p. 19

33 CLASTRES, Pierre. *Arqueologia da violência: pesquisas de antropologia política*, São Paulo: Cosac & Naify, 2004, cap. VI, p. 158-187. Nota sobre a questão da comunidade/sociedade

34 Cf. MAQUIAVEL, Nicolau. *O príncipe*, 4 ed., São Paulo: WMF Martins Fontes, 2010.

35 Cf. HOBBES, Thomas. *Leviatã ou a matéria, forma e poder de um estado eclesiástico e civil*, 3ed., São Paulo: Ícone, 2009, Partes I e II

36 CLASTRES, Pierre. *Arqueologia da violência*, cit., p. 102.

37 DURKHEIM, Émile. *Da divisão do trabalho social*. Trad.: de Eduardo Brandão. 2 ed. São Paulo: Martins Fontes, 1999.

38 ARON, Raymond. *As etapas do pensamento sociológico*, cit., p. 459.

A primeira forma de solidariedade seria a solidariedade mecânica que se encontra nas sociedades em que os indivíduos diferem pouco entre si, partilhando dos mesmos valores e sentimentos. Sua coesão advém do fato de que seus elementos individuais são similares. A horda e o clã são desse tipo primeiro de sociedade.

A solidariedade mecânica pode ser entendida por semelhança. Quando esta forma de solidariedade domina uma sociedade, os indivíduos diferem pouco uns dos outros, pois, enquanto membros de uma mesma coletividade, eles se assemelham porque têm os mesmos sentimentos, os mesmos valores e reconhecem os mesmos objetos sagrados. Isto é, a sociedade ainda tem coerência, pois os indivíduos não se diferenciaram do todo social.

A outra forma de solidariedade é a solidariedade orgânica, presente nas sociedades mais complexas, que resultam da crescente divisão e trabalho, exigidas pelas tarefas econômicas menos simples. Ela é baseada na diferenciação dos indivíduos, é aquela na qual o consenso, ou seja, a unidade coerente da coletividade, resulta de uma diferenciação ou se exprime por seu intermédio. Os indivíduos não se assemelham, são diferentes e esta diferença existe porque o próprio consenso a permite.

Às duas formas de solidariedade correspondem, no pensamento de Durkheim, a duas formas extremas de organização social. As sociedades que há meio século chamavamos de primitivas, e que hoje preferimos chamar de arcaicas, ou sociedades sem escrita (mudança de terminologia que exprime uma mudança de atitude com relação a essas sociedades, liberando-se lexicalmente do etnocentrismo), se caracterizam pela prevalência da solidariedade mecânica. Os indivíduos de um clã são, por assim dizer, intercambiáveis. O resultado - esta é uma das ideias essenciais do pensamento de Durkheim - é que o individuo não vem, historicamente, em primeiro lugar. A tomada de consciência da individualidade decorre do próprio desenvolvimento histórico. Nas sociedades tribais, cada individuo é o que são os outros; na consciência de cada um predomina, em número e intensidade, os sentimentos comuns a todos, os sentimentos coletivos[39].

Durkheim caracteriza a solidariedade mecânica como representativa de um *direito repressivo*, que pune severamente faltas ou crimes e a solidariedade orgânica como representativa de um *direito restitutivo*, ou cooperativo, cuja essência não é punir as violações das regras sociais,

---

[39] ARON, Raymond. *As etapas do pensamento sociológico*, cit., p. 459.

mas repor as coisas em ordem quando uma falta foi cometida, para assim organizar a cooperação entre os indivíduos.[40]

Por essas vias, pode-se afirma que o sincretismo normativo e o animismo das tribos evidenciam a homogeneidade dessas comunidades. Esta homogeneidade aponta que nelas não se pode isolar uma esfera política distinta da esfera social.

Em interessantíssima abordagem, Hans Kelsen, demonstrando uma das facetas de sua genialidade, comenta sobre a interpretação homogênea das comunidades tribais afirmando que o homem tribal apreende a realidade abaixo da pessoalidade[41], utilizando-se, na realidade, de um pensamento personalista.

Estes homens consideravam todas as coisas que despertassem sua atenção como homogêneas, algo diferente do que ocorre com o ho-

---

40 No desenvolvimento destas ideias, Durkheim elabora algo próximo a uma teoria da sanção. Para ele, as normas jurídicas, diferentemente de quaisquer outras, implicam a ideia de sanções organizadas, uma vez que não sendo observadas determinam uma atitude sancionadora. Tais sanções podem ser *repressivas* ou *restitutivas* e são derivadas de dois tipos de direito estabelecidos por Durkheim, a saber repressivo e restitutivo respectivamente. Portanto, sua definição se fundamenta na classificação do direito com base em dois tipos de sanções: as *repressivas*, correspondentes à "solidariedade mecânica" ou "por semelhança", próprias do direito penal, e as sanções *restitutivas*, correspondentes à "solidariedade orgânica" ou por "dissemelhança", próprias do direito civil, comercial, processual, do direito administrativo e do direito constitucional, com a abstração das regras penais que se possam neles encontrar.

41 KELSEN, Hans. *Sociedad y naturaleza: una investigación sociológica*, Trad.: Jaime Perriaux, Buenos Aires: De Palma, 1945, p. 41. Neste obra, Kelsen considera que a regra fundamental da ordem social arcaica é o princípio da retribuição, que domina por completo a consciência inteiramente social do homem tribal. A suposição kelseniana é de que a partir da origem jurídica dos povos tribais pode-se supor que o pensamento científico, especialmente o pensamento causal, que estaria na própria base de nossa concepção científica, é, na verdade, de cunho religioso, assentando-se na norma de retribuição (*Vergeltung*), do castigo e da recompensa merecidos, que eram emanados de uma vontade transcendental sobre-humana. Assim, originariamente, na concepção anímica das tribos a natureza é explicada de forma antropomórfica, pelo princípio jurídico basilar da imputação (*Zurechnung*), e não segundo o princípio da causalidade. Para sustentar sua investigação, Kelsen empreende uma impressionante pesquisa de material etnológico que lhe proporciona o desenvolvimento de uma concepção sobre a gênese do direito original, baseada na ideia de que o estabelecimento organizacional das sociedades tribais se dava pelas trocas entre os homens e as autoridades sobre-humanas, nos mesmos moldes apresentados aqui neste livro.

mem moderno. Para aquele, os animais, plantas e objetos inanimados eram, em certas situações, identificados como essencialmente similares aos demais homens com quem se convivia na tribo, ou seja, não havia uma diferença essencial entre homem, animal, plantas e os demais objetos inanimados da natureza. A manifestação de que animais, plantas e objetos inanimados são homogêneos com os membros da tribo é que determinava o comportamento social do grupo.

Essa situação era mantida pelo tratamento a todos e tudo que lhes chamava a atenção sempre com respeito e medo, conforme a prescrição das regras que conduziam sua conduta social. Fato é que as tribos assumiam de tal maneira uma atitude de submissão aos animais, vegetais - e até aos utensílios que haviam produzido com grande destreza e cuidado - que chegavam a oferecer-lhes rezas e oferendas.

Uma das justificativas utilizadas para explicar esta vivência do homem tribal é sua falta de reconhecimento do "eu", ou seja, na base da interpretação animista, homogênea e mágica do mundo e da sociedade, não havia o "reconhecimento de si"[42]. Além disso, por essa justificativa também pode ser explicada a maneira pela qual se dava a comunicação nas tribos[43], pois eles não se utilizavam da primeira pessoa. Havia, então, uma identificação completa do indivíduo com o grupo.

O próprio corpo não era distinguido de suas condições, pois suas qualidades e forças eram imaginadas como substâncias, a ponto de acreditarem que algumas qualidades corporais eram transmitidas mediante o toque e de que a enfermidade, por exemplo, era considerada como um mal coletivo

Não há uma ideia de individuo sem comunidade e por trás de todo este aparato, pode-se ainda questionar quais seriam os motores propulsores de tal interpretação e forma de vida. Apesar de ser difícil assumir

---

[42] Como bem observa Peter Sloterdjk, o próprio conhecimento da gramática equivalia antigamente, em muitos lugares, à mais pura feitiçaria, e, de fato, já no inglês medieval, a palavra *glamour* desenvolve-se a partir de *gramar*. Cf. SLOTERDIJK, Peter. *Regras para o parque humano: uma resposta à carta de Heidegger sobre o humanismo*, Trad.: José Oscar de Almeida, São Paulo: Estação Liberdade, 2000, p. 11. e ainda a abordagem de Ginzburg no relacionamento entre feitiçaria e piedade popular, Cf. GINZBURG, Carlo. *Mitos, emblemas, sinais: morfologia e história*, São Paulo: Cia das Letras, 2011, p. 15-40.

[43] Nesse sentido é relevante o estudo de Wundt sobre o dualismo originário da linguagem e seu desenvolvimento. Cf. WUNDT, Wilhelm. *The language of gestures*, The Hague: Mouton, 1973, p. 56-57.

um caminho único para tal questionamento, um bom indício parece estar nas emoções que motivam e constituem o ser humano. Nossa provocação é a seguinte: por todo o tempo na história da humanidade o que dá sentido às relações sociais é a noção do medo que - juntamente com o desejo - corresponde ao primeiro sentimento ou o sentimento fundamental dos homens em suas relações sociais.

2. DIREITO E EXPERIÊNCIA

Por meio do medo pode-se colocar a questão indagativa sobre a nossa própria existência diante do mundo e é isso, ao cabo, que determina a nossa dimensão enquanto seres políticos. A rigor, é na compreensão dos homens como seres políticos que se encontra o direito enquanto promovedor do regramento social.

Na tentativa de fundar uma ciência da sociedade, que virá a ser chamada por ele, em 1839, de sociologia, o pensamento de Augusto Comte sugere uma hipótese para se compreender porque o medo e o desejo nos constituem e representam elementos motivacionais das relações sociais

2.1. A LEI DOS TRÊS ESTADOS DE AUGUSTO COMTE

O fundador do positivismo clássico, na tentativa de explicar a verdadeira natureza e o caráter próprio da sua filosofia positiva - na obra *Curso de filosofia positiva*[44] -, acredita na possibilidade de ter encontrado uma grande lei fundamental para compreender a sociedade.

Para Comte, cada ramo de nosso conhecimento passa sucessivamente por três estados históricos diferentes: o estado teológico ou fictício, o estado metafísico ou abstrato e o estado científico ou positivo. Esta lei fundamental, então, é concebida como *Lei dos três estados*.[45]

Respectivamente, estes três grandes métodos (filosofias) do pensamento, correspondem os estágios do desenvolvimento humano. A infância, enquanto estado teológico, a juventude, enquanto estado metafísico e a maturidade, enquanto estado científico.

---

44 COMTE, Augusto. *Curso de filosofia positiva; discurso sobre o espírito positivo; discurso preliminar sobre o conjunto do positivismo; catecismo positivista* in *Os pensadores* (col.), São Paulo: Abril cultural, 1978, p. 3-20

45 COMTE, Augusto. *Curso de filosofia positiva*, cit., p. 4.

Elas representam sistemas globais de interpretação do universo que determinam uma perfeita isonomia entre o desenvolvimento intelectual do indivíduo (ontogênese) com o desenvolvimento intelectual do gênero humano (filogênese).

Por meio dela pode-se encontrar a fundação e desenvolvimento do que será chamado de "processo civilizatório", pois a primeira forma de explicação global é originada pelo sentimento de medo.

No estado teológico, na investigação da natureza íntima dos seres, as causas primeiras e finais de todos os efeitos que os tocam, os indivíduos compreendem os fenômenos como produzidos por ações diretas e contínuas de agentes supernaturais. É uma intervenção arbitrária dos indivíduos neles que explicaria todas as anomalias aparentes do universo.

O estado metafísico, por sua vez, representa nada mais do que a simples modificação geral do primeiro estado. Nele os agentes supernaturais acabam sendo substituídos por forças abstratas, verdadeiras entidades inerentes aos diversos seres do mundo e elas são concebidas como capazes de engendrar todos os fenômenos observados. Sua explicação consiste na determinação para cada um de uma entidade correspondente.

Por fim, no estado positivo ou científico, o espírito humano reconhecendo a impossibilidade de obter noções absolutas renuncia a uma busca sobre origem e o destino do universo e passa a fazer um uso bem combinado do raciocínio e da observação que se mostram, então, como suas leis efetivas. Em outras palavras, ao invés de uma explicação dominada por sentimentos e emoções, no terceiro estado a explicação dos fatos é reduzida, à razão e observação que são explicadas pela ligação estabelecida entre os diversos fenômenos particulares e alguns fatos gerais.

Como pode ser notado, no primeiro estado (teológico) o homem, no primeiro passo de seu conhecimento sobre o mundo – e de si –, encontra-se na situação originária de que a sua experiência de causalidade é a da sua própria vontade.

As diversas formas de magia e a primeva noção de prece representam as maneiras de explicar a existência e o modo de vida. No fundo, tudo se passa em estabelecer um contrato com os deuses ou Deus.

Este contrato, regido pela ideia de magia, gera as formas mais originárias de sacralidade, sacrifício, castigo e dádivas[46], mas a questão que paira é: por que o homem faz estes tipos de contratos com os deuses?

De toda sorte das especulações possíveis, a que nos parece mais certeira é a de que seja pelo sentimento mais originário também aparecido no homem: o medo.

O homem não é um animal naturalmente especulativo, o homem é um animal com medo, carências, indigências e angústias ancoradas tanto na sua condição fisiológica quanto psicológica. Em seu estado de vida tribal, à mercê de sua vontade e no ambiente de suas necessidades, sejam físicas, fisiológicas ou psicológicas, ele vive em estado de premente ambivalência ocasionada pelo medo.

O medo gera, originariamente, um sentimento de mal-estar provocado por um sentimento de opressão, isto é, de inquietude relativa a um futuro incerto ou à iminência de um perigo indeterminado e ameaçador. Tal inquietude também aparece em relação ao medo de morte e às incertezas de um presente ambíguo, seja sem objeto claramente definido ou determinado e que frequentemente é acompanhando de alterações fisiológicas.

Não é à toa que se pode, na modernidade, considerar a angústia como neurose caracterizada por ansiedade, agitação, fantasia, fobias e até mesmo um sentimento confuso de impotência diante de perigo eventual, real ou imaginário.[47]

Esta definição de medo é encontrada no volume II da *Retórica* aristotélica. O medo como uma dor ou uma agitação produzida pela perspectiva de um mal futuro, que seja capaz de produzir morte ou dor.[48]

Daí a face angustiante do sentimento do medo que pode ser sensibilizado a partir de um opressivo sentimento de ansiedade não ligado a um objeto determinado, de uma fundamental e permanente inquietação do indivíduo humano originada tanto pelo caráter absoluto e sofredor da existência quanto pela consciência de sua própria liberdade, isto é, de sua absoluta responsabilidade pela própria existência.

---

46 Sobre o tema, de forma mais detalhada, Cf. AMBERTÍN, Marta Gerez. *Entre dívidas e culpas: sacrifícios – crítica da razão sacrificial*, Rio de Janeiro: Cia Freud, 2009, p. 25-64.

47 JAPIASSU, Hilton; MARCONDES, Danilo. *Dicionário básico de filosofia*, Rio de Janeiro: Jorge Zahar editor, 2001, p. 13 e 14.

48 ARISTÓTELES. *Retórica*, livro II, Lisboa: imprensa nacional, 2005, p. 41 e segs.

No estado primevo de nossos conhecimentos sobre o mundo e a vida, não existe nenhuma divisão regular em nossos trabalhos intelectuais e esse modo de organização dos estudos humanos é entendido como inevitável e até mesmo indispensável, alterando-se pouco a pouco, na medida em que diversas ordens de concepções se desenvolvem.

O medo é o elemento fundamental psicológico que determina a origem de uma legalidade do desenvolvimento espiritual humano.

Assim, o homem com medo, em situação de abandono e desassossego perante forças maiores que as dele, como as da natureza, dos outros homens e animais, acaba criando um esquema de explicação do mundo como uma necessidade prática de fuga do próprio medo e da dor.[49]

Em sua concepção de um sistema global das ciências, Comte acabou demonstrando que o medo também está por trás da religião e da ciência, por tanto, ele atravessa as três leis. E este sempre se justifica no temor do desamparo e na necessidade de exercer controle e dominação sobre as hostilidades da natureza.

Dessas ideias, surge a máxima comteana: "saber para prever, prever para prover". Na realidade, desde o primeiro sistema - o teológico - até o último - o científico - uma mesma lógica é seguida. É possível prever, tanto na natureza, quanto na ciência; é possível antecipar os fenômenos e exercer um controle técnico sobre a natureza para que ela possa suprir as fragilidades humanas.

O medo é o elemento fundamental que nos liga, até hoje, ao questionamento de nossa contingência e forma de vida.

Também com reflexões que se aproximam das de Comte, na continuidade de um percurso histórico que caminha para o final do XIX e começo do XX, Freud promove a discussão da oposição entre a situação inicial de uma humanidade frágil e a pretensão dessa mesma humanidade de dispor das forças da natureza a seu favor.

---

[49] Esse esquema traz ao homem uma capacidade inventiva e propicia um sistema criativo de cosmovisão. Cabe lembrar aqui o posicionamento de David Hume de como o medo está na origem da religião. HUME, David. *Natural History of religion*, London: A. and H. Bradlaugh Bonner, 1889, p. 2-9

2.2. ANIMISMO E MAGIA NO PENSAMENTO DE SIGMUND FREUD

Freud, de maneira muito próxima a Comte, propõe também um sistema de três leis que orientam o desenvolvimento humano do indivíduo. São elas: o animismo, a religião e a ciência.[50]

A ordem é praticamente a mesma de Comte e, como ele, a explicação parte exatamente da ideia de medo e necessidade de domínio das forças naturais, dos homens e animais.

Criticando o fato de que a maioria dos trabalhos que procuravam aplicar as descobertas da psicanálise a temas do campo das ciências mentais, Freud se propõe à discussão sobre o imenso domínio do conceito de animismo

Baseando-se em autores como Herbert Spencer, James Georges Frazer, Andrew Lang, E. B. Taylor e Wilhelm Wundt, Freud constrói uma análise interessante sobre o animismo, a magia e a onipotência de pensamento que permeavam a mentalidade do homem tribal.

Seguindo a pesquisa de Freud, o animismo representaria de forma estrita a doutrina das almas e, num sentido mais amplo, a doutrina dos seres espirituais em geral.

Além do conceito de animismo, com apoio em Reinach[51], ele se refere também a outros termos como animatismo, animalismo e hominismo que seriam usados, do mesmo modo, para indicar a teoria do caráter vivo das coisas que nos parecem ser objetos inanimados.[52]

Estes termos foram introduzidos por uma compreensão da visão da natureza e do universo adotada pelos povos tribais e ela não é necessariamente cronológica historicamente, pois indiferentemente da época ela pode ser encontrada na forma de vida destes povos.

---

50 A tese está construída na obra *Totem e tabu*. Cf. FREUD, Sigmund. *Totem e tabu: alguns pontos de concordância entre a vida mental dos selvagens e dos neuróticos*, Trad.: Órizon Carneiro Muniz, Rio de Janeiro: Imago, 1974, p. 91- 117.

51 REINACH, Salomón. *Orfeo: historia general de las religiones*, Buenos Aires: Biblioteca Nueva, 1944, p. 15-34

52 Sobre a forma como Freud trabalha a ideia de um vínculo social em Totem e Tabu, cf. ENRIQUEZ, Eugene. *Da horda ao estado: psicanálise do vincula social*, Rio de Janeiro: Jorge Zahar, 1999, p. 28-46.

Segundo Freud - se referindo à Schelling e não à Comte, apesar de que este último também se utilizava da mesma expressão -, o animismo constitui a originária "filosofia da natureza", pois cria o povoamento do mundo com inumeráveis seres espirituais - benevolentes e malignos - e tais espíritos e demônios passam a ser considerados como as causas dos fenômenos naturais, acreditando-se que não apenas os animais e os vegetais, mas todos os objetos inanimados do mundo são animados por eles.

Por mais que na modernidade se mantenha uma crença limitada sobre a existência de espíritos e se explique os fenômenos naturais pela influência de forças físicas impessoais, os povos tribais acreditam que os seres humanos são habitados por espíritos semelhantes a si.

As almas eram por eles representadas como muito semelhantes às pessoas, somente ao decorrer de um longo processo que perderam suas características materiais e se tornaram espiritualizadas em alto grau.[53]

Para Freud, os homens da tribo chegaram até as visões dualistas sobre as quais o sistema animista se baseia observando os fenômenos do sono, inclusive os sonhos e a morte, que tanto se assemelham.[54]

Não é à toa que o centro gravitacional da análise do medo nos leva ao problema do reconhecimento do homem como um ser para a morte.

Na tribo se encarava como coisa natural o prolongamento indefinido da vida - a imortalidade -, somente depois é que a ideia de morte é aceita e ainda com alguma hesitação.

> O animismo é um sistema de pensamento. Ele não fornece simplesmente uma explicação de um fenômeno específico, mas permite-me apreender todo o universo como uma unidade isolada, de um ponto de vista único. A razão humana, se seguirmos as autoridades no assunto, desenvolveu, no decurso das eras, três desses sistemas de pensamento - três grandes representações do universo: animista (ou mitológica), religiosa e científica. Destas, o animismo, o primeiro a ser criado, é talvez o mais coerente e completo e o que dá uma explicação verdadeiramente total da natureza do universo.[55]

A citação claramente refere-se à proposta da aproximação, aqui sugerida, com o pensamento de Comte. Para Freud, também há três sistemas de pensamento que se configuram como três grandes representações do universo, ou seja, como explicativas do mundo, e a fun-

---

53 FREUD, Sigmund. *Totem e tabu,* cit., p. 92.

54 FREUD, Sigmund. *Totem e tabu,* cit., p. 92.

55 FREUD, Sigmund. *Totem e tabu,* cit., p. 93.

damental, mais coerente e completa, e que dá a explicação verdadeiramente total da natureza do universo é o animismo.

Freud propõe que esta primeira *Weltanschauung* (visão de mundo) humana é uma teoria psicológica, persistindo em grande parte na vida moderna, seja sob a forma de superstição, seja como a base viva de nossas crenças, filosofias e fala.[56]

Em sua teoria psicanalítica, Freud não supõe que os homens foram inspirados a criar seu primeiro sistema do universo por pura especulação - por pura curiosidade especulativa -, mas a partir de uma necessidade prática de controlar o mundo que os rodeava.

Por essa razão é que faz sentido a construção, por parte do homem tribal, de todo um conjunto de instruções a respeito de como obter domínio sobre os outros homens, animais e coisas, ou seja, sobre seus espíritos.

Tais instruções são as técnicas do animismo e elas possuem o nome de magia ou feitiçaria.[57]

---

56 Para uma crítica dos princípios da interpretação psicanalítica em Totem e Tabu por meio da análise de um mito jivaro, Cf. LÉVI-STRAUSS, Claude. *A oleira ciumenta*, Brasília: Brasiliense, 1986, p. 230-253.

57 Freud indica Marcel Mauss e Henri Hubert como os autores que trataram da magia como técnica. Marcel Mauss, no ensaio *Esboço de uma teoria geral da magia*, propõe a partir dos estudos até então existentes sobre a magia, uma noção mais clara e completa sobre o assunto, tendo em vista sua crítica de que as propostas anteriores baseavam-se em pontos específicos e em alguns casos apresentavam equívocos. Para Mauss, a magia é, por definição, objeto de crença, e as manifestações mágicas podem assim ser consideradas se forem realmente enquanto tais para toda a sociedade e não apenas para parte dela. A magia compreende agentes, atos e representações. Os ritos mágicos e as magias como um todo são sempre fatos de tradição. Atos que não se repetem não são mágicos. Atos nos quais um grupo não crê não são mágicos. A forma dos ritos, por isso, é eminentemente transmissível e sancionada pela opinião. "As práticas tradicionais com as quais os atos mágicos podem ser confundidos são: os atos jurídicos, as técnicas, os ritos religiosos. O sistema da obrigação jurídica foi associado à magia em razão de que, de parte a parte, há palavras e gestos que obrigam e vinculam, há formas solenes. Mas, se com frequência os atos jurídicos têm um caráter ritual, se o contrato, os juramentos, o ordálio são alguns aspectos sacramentais, é que eles se misturam a ritos, sem que sejam ritos por si mesmos. Na medida em que têm uma eficácia particular, em que fazem mais do que estabelecer relações contratuais entre indivíduos, eles não são jurídicos, mas mágicos ou religiosos". Cf. MAUSS, Marcel. *Sociologia e antropologia*, cit., p. 55-56

De forma acurada, Freud propõe com certa indagação especulativa - ele mesmo reconhece um certo desprezo arbitrário pelo uso linguístico - a possibilidade de separação entre os conceitos de feitiçaria e magia.

A feitiçaria seria a arte de influenciar espíritos, tratando-os da mesma maneira como se tratariam seres humanos em circunstâncias semelhantes, quais sejam: apaziguando-os, corrigindo-os, tornando-os propícios, intimidando-os, roubando-lhes o poder e submetendo-os a nossa vontade.

Já a magia seria algo diferente. Fundamentalmente, ela despreza os espíritos e faz uso de procedimentos especiais e não dos métodos psicológicos do dia-a-dia. Ela constitui o ramo mais primevo e mais importante da técnica animista, porque, entre outros, os métodos mágicos podem ser usados para tratar com os espíritos e a magia pode ser aplicada também em casos nos quais o processo de espiritualização da natureza ainda não foi realizado. Na verdade, a magia deve submeter os fenômenos naturais à vontade do homem. [58]

Disso Freud tira a concepção de "princípio da magia" como aquele que toma equivocadamente uma conexão ideal por real.

Um exemplo é a técnica de se fazer uma efígie de um inimigo para prejudicá-lo. O que se fizer à efígie acontecerá também ao original detestado. Tal técnica também pode ser utilizada com fins piedosos e para auxiliar os deuses contra os demônios malignos. Talvez a proibição bíblica contra a feitura de imagem de qualquer coisa viva tenha-se originado, não de alguma objeção às artes plásticas, mas do desejo de privar a magia que era abominada pela religião hebraica.

Outros exemplos que permanecem em certo grau nos mitos e cultos de fases mais elevadas da civilização são os rituais de chuva ou fertilidade. Neles há a ideia de uma magia imitativa em que há semelhança entre o ato executado e o resultado esperado.

Para Freud, os motivos que levavam os homens a praticar a magia são construídos pelos desejos humanos. Em outras palavras, o homem tribal tinha uma crença imensa no poder de seus desejos, tal qual, analogamente, as crianças apresentam na primeira infância.

---

58 FREUD, Sigmund. *Totem e tabu*, cit., p. 94 e 95.

Todo o princípio que dirige a magia para Freud é o princípio da "onipotência de pensamentos", expressão que o autor indica ter adotado de um dos seus pacientes, conhecido como "Homem-Rato".[59]

A expressão teria sido criada como explicação para todos os estranhos e misteriosos acontecimentos pelos quais, como outras vítimas da mesma doença, seu paciente contava sobre como parecia estar sendo perseguido. Por exemplo, caso pensasse em alguém, tinha certeza de encontrar essa pessoa logo em seguida, como num processo de mágica. Se a pessoa perguntasse pela saúde de um conhecido que há muito não via, escutava que este havia acabado de morrer, de maneira que parecia existir uma linguagem telepática que permitisse ao interlocutor esse poder.

Freud explica que no decurso do tratamento do "homem-rato" ele próprio contou de como uma aparência enganadora surgia na maioria dos casos e por meio de que artifícios ele mesmo ajudara a fornecer suas próprias crenças supersticiosas.

Na análise entre os neuróticos - homens modernos - e os animistas/ mágicos - homens tribais - Freud revela a força do fio condutor que estamos seguindo.

Em sua análise os chamados atos obsessivos primários dos neuróticos são de um caráter intimamente mágico e, se não são encantamentos, são, no mínimo, contra-encantamentos destinados a manter afastadas as expectativas da desgraça com que a neurose geralmente começa.

E mais interessante ainda, clinicamente Freud explica que todas as vezes que conseguia adentrar ao mistério dessas tais ocorrências descobria que a desgraça esperada era a da morte.[60]

---

59 FREUD, Sigmund. *Totem e tabu*, cit., p 102. Sobre o a análise do "homem-rato" cf. FREUD, Sigmund. Notas sobre um caso de neurose obsessiva in *Edição Standard Brasileira das obras psicológicas de Sigmund Freud*, J. Strachey (org.), vol X, Rio de Janeiro: Imago editor, 1986, p. 159 e sgs. Em 1907, no mês de outubro, Freud inicia a análise do paciente que será denominado como "Homem-Rato". Os principais sintomas que este paciente apresenta são relativos à obsessividade. Ele é obcecado pelo pensamento de que acontecerá alguma coisa desagradável, dolorosa a duas pessoas que ama: seu pai e uma dama. O argumento imaginário que levou o paciente a procurar análise foi o impacto causado pela narração de um tipo de tortura provocado pela penetração de ratos no reto de um indivíduo. Apesar deste argumento imaginário não desencadear a neurose em si, ele suscita o tema da angústia que está em grau máximo no paciente quando se dirige ao consultório.

60 FREUD, Sigmund. *Totem e tabu*, cit., p. 104

Retomando, então, a concepção das três fases - animista, religiosa e científica - Freud afirma que nas três é plenamente possível se acompanhar as vicissitudes da "onipotência de pensamentos".

Na fase animista, os homens atribuem a onipotência a *si próprios*. Na fase religiosa, transferem-na para os deuses, mas eles próprios não desistem dela totalmente, porque se reservam o poder de influenciar os deuses por meio de uma variedade de maneiras, de acordo com seus desejos. Na visão científica, já não há lugar para a onipotência humana, os homens reconheceram a sua pequenez e se submeteram resignadamente à morte e às outras necessidades da natureza. Não obstante, um pouco da crença tribal na onipotência ainda sobrevive na fé dos homens, no poder da mente humana, que entra sempre em luta com as leis da realidade.[61]

A primeira imagem que o homem formou do mundo - o animismo - é completamente psicológica. A técnica do animismo e da magia revelam a intenção de impor leis que regem a vida mental às coisas reais, podendo-se até falar numa fase pré-animista[62] como uma doutrina da universalidade da vida, já que as suposições da magia são mais fundamentais e mais antigas que a doutrina dos espíritos, que constitui o centro do animismo.[63]

Na realidade, então, a primeira realização teórica do homem - a criação dos espíritos - parece vir da mesma fonte que as primeiras restrições morais a que se achava sujeito, a saber, os tabus.

> Se a posição dos sobreviventes em relação aos mortos foi realmente o que primeiro levou o homem primitivo a refletir e compeliu-o a abrir mão de um pouco de sua onipotência em favor dos espíritos e a sacrificar um pouco de sua liberdade de ação, então esses produtos culturais constituíram um primeiro reconhecimento da Ἀνάγκη [Necessidade], que se opõe ao narcisismo

---

[61] Freud leva a cabo sua ideia fazendo paralelamente uma comparação entre as fases do desenvolvimento da visão humana do universo e as fases do desenvolvimento libidinal do indivíduo. A fase animista corresponderia à fase narcisista, tanto cronologicamente quanto em seu conteúdo; a fase religiosa corresponderia à fase da escolha do objeto, cuja característica é a ligação da criança com os pais; enquanto a fase científica encontraria uma contrapartida exata na fase em que o indivíduo alcança a maturidade, renuncia aos princípios de prazer, ajusta-se à realidade e volta-se para o mundo externo em busca do objeto de seus desejos. FREUD, Sigmund. *Totem e tabu*, cit., p. 105-107

[62] Contextualizando o tema, cf. MARRET, Robert Ranulp. *Antropología*, Barcelona: Editorial Labor, cap. VI, p. 122-143.

[63] FREUD, Sigmund. *Totem e tabu*, cit., p. 109

humano. O homem primitivo estaria assim submetendo-se à supremacia da morte pelo mesmo gesto com que pareceria estar negando-a.[64]

Conclusivamente, pode-se afirmar que, também no homem tribal, a superstição não é necessariamente a razão única ou real para um costume ou observância em particular e não nos dispensa do dever de procurar os motivos ocultos deles.

Dessa forma, a tese freudiana toma, de forma sagaz, a repressão dos instintos como a medida do nível de civilização que foi alcançado e deve se admitir que, mesmo sob o sistema animista, existem progressos que são injustamente desprezados em razão de sua supersticiosidade.[65]

A mais remota origem das formas de espiritualidade humana e seu condicionamento social foram o medo e o domínio, o exercício de poder sobre si e o mundo.

Pensar o medo como sentimento que move a origem de nossa sociabilidade e sua participação no modo de se compreender a gênese da religião, moralidade e ciência foi uma tarefa a que também se dedicou, no final do séc. XIX, Friedrich W. Nietzsche.

2.3. DOMINAÇÃO E RESSENTIMENTO NO PENSAMENTO DE FRIEDRICH W. NIETZSCHE

Em Comte, Freud e Nietzsche, encontra-se o medo e a necessidade de domínio - a ser alcançada sobre o mundo e sobre si - como a mais remota origem de todas as formas de espiritualidade humana.

Além disso, há um outro elemento que pode ser encontrado também no pensamento dos três autores: a repressão.

De bicho a animal político, o domínio da natureza do mundo e de si tem como arma mais forte a repressão, ou seja, a inibição das forças originais pulsionais do homem, de tal forma que a conquista do espírito acontece em detrimento da animalidade do homem.

Nietzsche, em sua genealogia, ilustra o medo do mal como três coisas: o acaso, o incerto e o súbito. O autor faz isso transpondo a questão do medo para a modernidade e como este, nesse momento, se estrutura no dualismo do bem e mal. De maneira muito lúcida e antecipa-

---

64 FREUD, Sigmund. *Totem e tabu*, cit., p. 109
65 FREUD, Sigmund. *Totem e tabu*, cit., p. 115-116

tória, Nietzsche encontra a incorporação do estranhamento e do acaso como fenômenos controladores e representativos de formas de dominação do medo - como a própria vontade de potência:

> [...] Na economia interior da alma do homem primitivo prepondera o medo do mal. O que é o mal? Três coisas: o acaso, o incerto, o súbito. A História da civilização representa uma diminuição daquele medo do acaso, do incerto, do súbito. Como o homem primitivo combate o mal? - Concebe-o como razão, como potência, como pessoa mesmo. Com isso ganha a possibilidade de entrar com ele em uma espécie de pacto e, de modo geral, atuar previamente sobre ele - preveni-lo. [...] Civilização significa justamente aprender a calcular, aprender a pensar causalmente, aprender a prevenir, aprender a acreditar em necessidade [...].[66]

O homem da tribo para fazer face à ocorrência do mal inventa uma explicação. Ele atribui à violência do mal que lhe acomete um propósito e a interpreta como merecido castigo.

Assim, se coloniza a brutalidade do inexplicável e na experuência da tensão entre sofrimento e pacificação, pacifica-se o medo, mesmo que o motivo seja o mais fantasioso. Daí, fica-se a um passo de compreender a relação existente entre opressão, ressentimento e o tema da moral dos senhores e dos escravos construída por Nietzsche.

Como bem observa Oswaldo Giacoia Junior, o tema filosófico do ressentimento nietzschiano encontra no personagem central da obra de Dostoiévski os contornos de uma figura prototípica. Tal figura está intrinsecamente associada à celebre oposição proposta por Nietzsche entre os dois tipos de moral: a moral dos senhores (aristocrática) e a moral dos escravos (gregária). A partir delas ele faz a impressionante avaliação de como cada uma dessas morais funda os respectivos conceitos de bem e mal com base nos quais são feitos juízos sobre o valor moral das intenções e ações humanas.[67]

A moral aristocrática surge de uma auto-afirmação e justamente na sua contraposição está o traço distintivo da moral dos escravos que brota de uma negatividade originária e que tem nisso seu elemento primeiro e ato criador.

Enquanto valoração aristocrática tem como ponto de partida uma espécie de sensação de plenitude e força, de auto-satisfação - que tem na

---

[66] Friedrich W. Nietzsche. A vontade de potência in *Os Pensadores*. São Paulo: Abril, 1999. p. 443

[67] GIACOIA JUNIOR, Oswaldo. *Nietzsche como psicólogo*, São Leopoldo: Ed. Unisinos, 2006, p. 77

negação de seu bem não um mal moral, mas um ruim - o processo de instituição dos valores pelos escravos tem por pressuposto um exercício de inversão, pois se apresenta simetricamente contrário à perspectiva segundo a qual a moral dos escravos constitui sua oposição entre bom e mal.[68]

O que se encontra no pensamento nietzschiano, então, é a sofisticada construção de uma teoria psicológica do ressentimento. Além da diferença entre os dois tipos de moral, sem a qual o próprio conceito de ressentimento não pode ser compreendido, há ainda o a distinção entre ação e reação.

Em Nietzsche, ação e reação não são compreendidos como conceitos propriamente mecânicos, mas dinâmicos de força e por meio deles se introduz o par de opostos forte e fraco como complementares a ativo e reativo, nobre e plebeu.

A teoria psicológica do ressentimento de Nietzsche tem como fio condutor a teoria das forças e deve ser tomada na base fundante da distinção entre os tipos do nobre e escravo, ativo e reativo.[69]

A ideia de vingança é concebida como a necessidade de anestesiar uma experiência do sofrimento nos seres aos quais é vedada uma reação autêntica de descarga externa de energias psíquicas em processos mais complexos do que a mera resposta reflexa[70].

---

[68] "Trata-se, aqui, de uma avaliação parasitária, reativa, que tem necessidade prévia de um elemento estranho a si para, por antítese, instituir pela via da negação sua própria identidade e seu universo de valores. É nessa inversão que radica seu parentesco originário com o ressentimento." GIACOIA JUNIOR, Oswaldo. *Nietzsche como psicólogo*, cit., p. 78-79.

[69] GIACOIA JUNIOR, Oswaldo. *Nietzsche como psicólogo*, cit., p. 80.

[70] GIACOIA JUNIOR, Oswaldo. *Nietzsche como psicólogo*, cit., p. 82. Nietzsche no § 15 da 3ª Dissertação de *Para Genealogia da moral* assim se expressa: "Pois todo sofredor busca instintivamente uma causa para seu sofrimento; mais precisamente, um agente; ainda mais especificamente, um agente *culpado* suscetível de sofrimento – em suma, algo vivo, no qual possa sob algum pretexto descarregar seus afetos, em ato ou *in effigie* [simbolicamente]: pois a descarga de afeto é para o sofredor a maior tentativa de alívio, de *entorpecimento*, seu involuntariamente ansiado narcótico para tormentos de qualquer espécie. Unicamente nisto, segundo minha suposição, se há de encontrar a verdadeira causação [causalidade] fisiológica do ressentimento, da vingança e quejandos, ou seja, em um desejo de *entorpecimento da dor através do afeto* – de ordinário ela é procurada, muito erroneamente, me parece, em um contragolpe defensivo, uma simples medida protetora, um 'movimento reflexo' em resposta a uma súbita lesão ou ameaça, do tipo que ainda executa uma rã sem cabeça, para livrar-se de um ácido corrosivo". NIETZSCHE, Friedrich Wilhelm. *Genealogia da moral*, cit., Terceira Dissertação, § 15, p. 116. A palavra causalidade

A teoria do ressentimento nietzschiana dá consistência a reconstituição genealógica de um tipo "homem" caracterizado pela moral dos fortes e dos fracos.

Se o ressentimento não é uma mera reação reflexa, mas envolve um complexo processo psíquico que é *"[...]diferenciado dos processos mecânicos de manutenção do equilíbrio no interior do sistemas de forças"* [71], pode servir como fator diferencial de tipos humanos, de configuração de forças psicológicas individuais ou coletivas.

A ideia de uma sociedade de rebanho no pensamento nietzschiano é o sintoma de um problema fundamental: o instinto de conservação.

Essa proposta é lançada contra a ideia de uma moral ascética e altruísta que sob a máscara da igualdade e justiça exige dos homens atitudes irretocáveis e inexequíveis com o propósito de assegurar, como numa espécie de contrato, a vida em comum.[72]

O medo que corroe a vida social precisa ser vencido e, para tanto, requer-se uma moral capaz de castrar e civilizar a besta humana. Para Nietzsche o medo é o pai da moral[73], algo similiar ao pensamento de Hobbes em que a compreensão da sociedade é extraída da experiência do medo.

Nietzsche, entretanto, não propõe um sistema da sociedade como fruto de um contrato, um cálculo racional, cuja equação apazigua os conflitos por meio de uma vida social. Na realidade, ele credita a formação da sociedade por "pessoas fracas" e interessadas apenas em suas respectivas sobrevivências temorosas.

A moral de rebanho esconde a perversão humana, a natureza individual e egoísta do homem, funcionando como uma espécie de entorpecente que tranquiliza os instintos para que todos possam viver harmonicamente, ainda que haja sempre um grupo que invariavelmente domine outro.

Há uma revelação teórica na moral dos senhores e dos escravos como denúncia antecipatória da barbárie vigente na dominação real, recusa

---

entre colchetes segue a tradução de Oswaldo Giacoia Júnior, para nós melhor identificada que a palavra causação.

71 GIACOIA JUNIOR, Oswaldo. *Nietzsche como psicólogo*, cit., p. 86

72 OLIVEIRA, Érico Andrade M. de. A crítica de Nietzsche à moral kantiana: por uma moral mínima in *Cadernos Nietzsche* n. 27, 2010, p. 174

73 NIETZSCHE, Friedrich Wilhelm. *Além do bem e do mal: prelúdio a uma filosofia do futuro*, Trad.: Paulo César de Souza, São Paulo: Companhia das letras, 2005. (JGB/BM 201, KSA 5.122)

intransigente da edulcoração da hipocrisia. Com ela se consuma a autodissolução do Esclarecimento (*Aufklärung*) entendido como ordem opressora e ofensiva.[74]

Nietzsche serve como uma ponte em nossa proposta, pois com ele podemos fazer a transposição do medo para o racionalismo - e para o próprio iluminismo - e verificarmos como ocorre o processo de adaptação do medo nos tempos modernos, cuja forma de pensamento é predominantemente técnico-científico.

O eco primevo da noção elementar do medo e da necessidade de se fazer contrato com os deuses pode ser encontrado na clássica concepção nietzschiana de que o mais insuportável não é o sentimento do sofrimento, mas a falta de sentido do sofrimento, que compõe, no fundo, a dor da falta de sentido.

Para Nietzsche, a culpa e o sofrimento caminham juntos. Se o sofrimento pode ser compensação para a dívida, na medida em que fazer sofrer é gratificante, o fato de causar o sofrimento é uma grande festa. Da mesma forma isso acontece com o castigo, pois há um viés festivo em sua utilização[75].

A ideia de festividade relacionada ao sofrimento demonstra o que causa revolta no próprio sentimento de sofrimento, a saber, sua falta de sentido de um modo geral. Mesmo que houvesse, sim, sentido para o sofrimento, seja na interpretação feita pelos povos tribais, seja na interpretação cristã, o rastro que nos resta é o de uma interpretação em que ao sofrimento é atribuído um procedimento de salvação.

Na verdade, *"para que o sofrimento oculto, não descoberto, não testemunhado, pudesse ser abolido do mundo e honestamente negado, o homem se viu então praticamente obrigado a inventar deuses e seres intermediários para todos os céus e abismos"*[76].

---

[74] GIACOIA JUNIOR, Oswaldo. *Esclarecimento (per)verso: Nietzsche à sombra da ilustração* in Revista Filosofia, Aurora, Curitiba, jul./dez. 2008, vol. 20, n. 27, p. 243-259, p. 256

[75] Agamben, referindo-se a Karl Meuli, relacionou as festas anômicas com o estado de suspensão da lei que caracteriza alguns institutos jurídicos arcaicos, como o *Friedlosigkeit* do germanos ou a perseguição do *vargus* no antigo direito inglês. Cf. AGAMBEN, Giorgio. *Estado de exceção,* Trad.: Iraci D. Poleti, São Paulo: Boitempo, 2004, p. 109

[76] NIETZSCHE, Friedrich Wilhelm. *Genealogia da moral*, Segunda Dissertação, § 5, p. 54

2.4. O MEDO QUE NOS RESTA

Parece ser indiscutível que, nos dias de hoje, somos parte de uma sociedade hedonista incapaz de viver autenticamente o sofrimento ou o tédio. Sofremos da impossibilidade de sofrer e passar a maior parte do tempo sobre o efeito entorpecentes de narcóticos que aliviem em nós a possibilidade de confrontar a dimensão de nosso vazio é uma das marcas características deste tempo.

Todo esse processo encontra no iluminismo e no racionalismo plena justificação.

A humanização da natureza e a humanização da sociedade são construídas pelo fato de que obedecer às leis da natureza é a melhor forma de dominá-la (Bacon) e que o conhecimento científico não é o resultado de uma explicação, mas o domínio da natureza interna e externa (Descartes). Entre saber e poder não existe uma diferenciação, o que importa é a fuga obstinada em razão do medo. Tudo isto é ratificado pelos maduros frutos do esclarecimento, tanto que no pensamento kantiano o tempo da maturidade também coincide com o progresso da técnica e da ciência.

A grande questão é que nem pela ciência vamos obter uma satisfação integral para a dissipação de todo o mistério. Não é por acaso que no iluminismo encontra-se um otimismo fundamentado, a ideia composta da crença, da fé de que o racional dominaria o exterior e o interior, em outras palavras, garantiria a fuga do medo.

Logo, o desenvolvimento da história do ocidente, desde a iluminação, foi uma espécie de revelação de que este otimismo é um artigo de fé, crença. Tal realidade está visível nos diversos episódios históricos de reversão deste otimismo no seu contrário, ou seja, na incapacidade de resolver os macroproblemas, os homens geram problemas ainda maiores, proporcionando formas cada vez mais atrozes de barbárie.

Todo esse processo da pré-civilização à civilização atual nos relega a atávica percepção de que somos bem treinados a temer e o temer é uma de nossas forças motivacionais mais fortes.

No fundo, tudo não passa de que a raiz de nosso medo advém de nossa relação com o tempo, ou seja, com a nossa própria morte. Enquanto o homem é incapaz de assumir a finitude de forma positiva acaba inventando todas as formas de consolo, religião e metafísica.

3. DIREITO E POLÍTICA

Para Albert Hermann Post os grupos gentílicos[77] correspondem a uma coletividade de pessoas que estão num grau de civilização em que circunstâncias oriundas das necessidades humanas básicas determinam a vida familiar limitada a um restrito círculo[78].

São sociedades domésticas que não possuem uma forma determinada. Em algumas delas, por exemplo, pode se encontrar relações sexuais promíscuas, já em outras, até o matrimônio monogâmico.

De qualquer maneira, é neles que se encontra, sem dúvida, o poder constituinte sob o qual se desenvolvem as diversas formas de organização social.[79]

Saindo desta análise geral, Post demonstra que apesar das diversidades, existem comunidades gentílicas bem definidas espalhadas por todos os lugares. Nos grupos mais antigos prevalecem, por exemplo, as ideias de totens e subtribos, e, nos mais recentes, a ideia de consórcio familiar.

Os grupos gentílicos vivem normalmente divididos em clãs ou tribos, que por sua vez são normalmente divididos em outros pequenos grupos subordinados.[80]

---

[77] No primeiro capítulo do livro utilizamos a expressão tribo ao nos referirmos às primeiras organizações sociais humanas. Neste capítulo as expressões que serão mais utilizadas são grupos gentílicos e bando. Procuramos respeitar as palavras utilizadas pelos autores e seu sentido contextual. De modo geral, tais conceitos podem, em alguns casos, serem utilizados como sinônimos, já, em outros com variações pontuais que aos poucos serão destacadas no texto.

[78] POST, Alberto Ermanno. *Giurisprudenza etnologica*, vol. I, Milano: Societa Editrice Libraria, 1906

[79] POST, Alberto Ermanno. *Giurisprudenza etnologica*, vol. I, cit., p. 103 e 104.

[80] Sobre a relação entre os conceitos de clã, tribo e nação cf. SOROKIN, Pitirim A. *Sociedade, cultura e personalidade: sua estrutura e sua dinâmica*, vol. 1, Porto Alegre: Globo, 1968, p. 393-399.

Esses organismos são das mais variadas formas e, provavelmente, toda a pluralidade de etnias e tribos que formam os grupos gentílicos são, original e essencialmente, formadas a partir de pessoas ligadas por laços de sangue, e que, portanto, desenvolvem-se e crescem a partir de uma sucessão de gerações. Em certas ocasiões, uma tribo se subdivide em apenas duas partes; em outros casos, apresenta uma série de divisões. Tais divisões, muitas vezes, possuem, em cada uma, seções ainda menores e nelas pode ocorrer eventualmente uma ordem de grupos gentílicos dispostas sobre outra.[81] Essa multiplicidade de divisões é determinada por critérios para a proteção do grupo.

Em sua investigação etnológica, Post ainda identifica o fato de que nem todos os grupos gentílicos baseiam-se numa proliferação de gerações sucessivas. Alguns grupos gentílicos são uma consequência necessária da vingança ou do rapto. Por sua vez, a vingança ou o rapto despertam a ocorrência de vários outros atos que, em sua maioria, resultam no embate e inimizade com outras tribos consideradas, a partir de então, inimigas.

Uma consequência deste é efeito é o fenômeno de alguns grupos se inter-relacionarem e surgirem da formação análoga ao parentesco sanguíneo, dando origem a diferentes e complicados sistemas de relações matrimonias recíprocas.

No desenvolvimento da vida social destes grupos as relações se tornam mais complexas. Os aglomerados familiares, as formas de relacionamentos artificiais, o matrimônio entre os membros dos grupos e a guerra entre os clãs, fazem surgir elementos diversificados. Por isso, os grupos gentílicos podem representar sistemas tão complexo quanto o de uma nação.[82]

3.1. O TOTEM

Um elemento comum nas organizações gentílicas é a figura do totem. Em alguns grupos encontra-se a atribuição de noções divinas aos elementos orgânicos da natureza, mas de forma especial aos animais (animismo), cuja representação corresponde ao totem. A ocorrência é tão comum, que Post chega a afirmar a existência de uma universalidade do totem.[83]

---

81 POST, Alberto Ermanno. *Giurisprudenza etnologica*, vol. I, cit., p. 104.

82 POST, Alberto Ermanno. *Giurisprudenza etnologica*, vol. I, cit., p. 104.

83 POST, Alberto Ermanno. *Giurisprudenza etnologica*, vol. I, cit, p. 105.

O animal que serve como totem é sempre um antepassado mítico. Isto revela que a crença em um ancestral comum possui íntima conexão com o totemismo. O originário "pai" comum (genitor comum) é considerado como uma divindade que tomou a forma de um animal e, por consequência, este animal representa a insígnia da comunidade.[84]

Algumas características significativas dos totens são comuns. O animal que serve como totem é um objeto de especial veneração e, acima de tudo, usualmente não é permitido que se coma sua carne.

Originalmente, os totens representavam grupos de parentes, mas posteriormente são concebidos como figuras exogâmicas, neste caso, as crianças seguem o totem do pai ou da mãe, dependendo da forma predominante do sistema de parentesco vigente no grupo.

Muitas vezes, os totens são independentes de subdivisões de tribos locais, isto quer dizer que pode haver pessoas de diferentes tribos com o mesmo totem, pode haver pessoas do mesmo totem que moram longe umas das outras e, na mesma aldeia, podem habitar pessoas pertencentes a totens diferentes, destacando-se, acima de tudo, a recorrência de se encontrar o mesmo totem em tribos diferentes.

Há, em certos casos, uma série de animais principais que caracterizam as linhas de sangue, e que, por sua vez, têm diferentes animais a eles subordinados. Toda verossimilhança com cada um desses animais é subordinada para indicar um determinado grupo de ações ordinárias, de maneira que o que fica preservado nesta forma é a memória dos processos pré-históricos de desintegração.[85]

A rigor, pertencer a um totem gera efeitos de natureza social. Entre os membros do mesmo totem, além da obrigação de hospitalidade, há a obrigação de proteger uns aos outros.[86]

---

84 POST, Alberto Ermanno. *Giurisprudenza etnologica*, vol. I, cit., p. 106.

85 POST, Alberto Ermanno. *Giurisprudenza etnologica*, vol. I, cit., p. 108.

86 Segundo Post: I - Ci imbattiamo da per tuto sulla terra in alcuni gruppi di carattere essenzialmente gentilizio, i quali hanno per insegna un determinato ser organico, ordinariamente un animale (totem). L'universalitá di tale fenomeno è fuori di dubbio. II - L'animale che funge da totem è con ogni verosimiglianza sempre un capostipite mitico, giacchè è per lo meno certo che la credenza in un capostipite comune sta in intima connessione col totemismo. Il genitore comune originario è considerato come una divinità che ha assunto la forma di un animale. Per conseguenza questo animale è l'insegna della stirpe. Portar quel contrassegno è la condizione necessaria per poter dirsi appartenente ad una stirpe, e l'usurpazione del contrassegno

James Frazer afirma que o totem é uma classe de objetos materiais à qual um selvagem se liga com um respeito supersticioso, crendo que ali existe entre ele e cada membro de sua estirpe uma íntima e geral relação especial.

O nome totem é derivado de uma palavra *Ojibway* e sua forma correta de falar é desconhecida. Quem primeiro a introduziu na literatura foi um indiano chamado L. Long na obra *Voyager and travels of an indian interpreter*. A palavra seria propriamente *ote*, significando família ou tribo.[87]

A conexão entre um homem e seu totem é sempre benéfica mutuamente. O totem protege o homem e o homem mostra a ele respeito de várias formas, como, por exemplo, não o matando se for um animal e não cortando-o ou colhendo-o se for um planta ou outro objeto natural.

De forma distinta a do fetiche, o totem normalmente não representa um indivíduo isolado, mas sempre uma classe de objetos representada por uma espécie de animal ou planta e, em raros casos, de objetos artificias. Tal fato demonstra a composição do totem como ilustração do conceito de animismo.

---

proprio di una stirpe diversa è una gravissima violazione del diritto intergentilizio. l'animale che funge da totem è sempre oggetto di speciale venerazione; sopra tutto no è permesso frequentemente mangiarne le carni. III - è ugualmente verosimile che in origine i totem fossero gruppi di parenti ma è certo che ora non hanno questo carattere ben sí presentano struttura più vasta. IV - Spesso i totem sono esogami; ed in tal caso figli, a seconda del sistema di parentela in loro predominante, seguono il totem della madre ovvero quello del padre. V - I totem sono spesso indipendenti dalle suddivisioni locali delle tribù. Vi possono esser persone appartenenti allo stesso totem delle tribù. Vi possono esser persone appartenenti allo stesso totem che dimorano lontanissimi l'una dall'altra, mentre ache in uno stesso villaggio possono dimorare persone appartenenti a totem diversi. Sopra tutto frequente è il trovare lo stesso totem in tribù diverse. Altrove i totem sembra invece siano soltanto suddivisioni di singole tribù. sovente presso una popolazione vi è una serie di animali principali, caratterizzanti le stirpi, che alla loro volta hanno una serie di altri animali subordinati. Con tutta verisimiglianza ognuno di questi animali subordinati sta ad indicare l'avvenuto distacco di un determinato gruppo dal ceppo comune; di modo che quel che si conserva sotto questa forma è la memoria di processi preistorici di disintegrazione. VI - L'appartenere ad un totem ha senza dubbio determinati effetti di carattere sociale. In ispecie tra i membri di uno stesso totem v'è obbligo di protezione reciproca. Allo stesso modo sembra che costoro abbiano l'uno verso l'altro notevoli doveri d'ospitalità. I rapporti reciproci di coloro che appatengono ad uno stesso totem non sono del resto ancora conoscitui con precisione nei loro particolari [...] POST, Alberto Ermanno. *Giurisprudenza etnologica*, vol I, p. 106-108.

87 FRAZER, James George. *Totemism and exogamy*, vol. I, New York: Cosimo, 2010, p. 3.

Segundo Frazer, apesar de existirem outras formas menos encontradas, os totens podem ser considerados como de três espécies: 1) o totem do clã, ou seja a existência de um totem comum a todo um clã; 2) o totem sexual, referente ao gênero sexual, ou seja, um totem comum para os homens ou um totem comum para as mulheres e 3) o totem individual, pertencendo a um único indivíduo e não passando aos seus descendentes.[88]

No clã totêmico a representação normalmente é feita na reverência ao corpo de um homem ou de uma mulher que se auto intitulam pelo nome do totem. Eles acreditam ser do mesmo sangue descendente de um ancestral comum e que estão tanto ligados por obrigações comuns, quanto na crença no mesmo totem.

Daí que o totem se apresenta tanto como um sistema religioso, quanto um sistema social. No sentido religioso ele consiste em relações de mútuo respeito e proteção entre o homem e seu totem; já no sentido social, consiste nas relações dos homens e do clã entre si e com os membros de outros clãs.

Os membros de um clã totêmico chamam-se pelo nome do totem e, usualmente, acreditam que são descendentes dele. Um exemplo interessante citado por Frazer é o de um clã denominado pelos Iroquois como tartaruga. Eles acreditavam ser descendentes de uma tartaruga gorda que sobrecarregada pelo peso de seu casco ao lutar para se livrar dele acaba conseguindo e se transforma num homem. Nesta mesma tribo, Frazer faz referência sobre a existência de clãs relacionados a ursos e lobos.[89]

As regras de não matar ou comer o totem não são os únicos tabus. Em certos casos, os membros dos clãs são proibidos de tocar o totem e, em casos ainda mais excepcionais, são até mesmo proibidos de olhar para ele.[90]

Outro aspecto importante é como os clãs atuam na consecução da personificação de seus totens. Esse fenômeno ocorre quando os membros vestem as peles dos totens, quando os imitam, quando fazem pinturas rupestres e tatuagens, além de toda uma sorte de cerimoniais envolvendo eventos e datas importantes, como, por exemplo, aniversários, casamentos, mortes, enterros, ressurreições, sacrifício de animais sagrados etc.[91]

---

88 FRAZER, James George. *Totemism and exogamy*, vol. I, cit., p. 3 e 4.
89 FRAZER, James George. *Totemism and exogamy*, vol. I, cit., p. 5.
90 FRAZER, James George. *Totemism and exogamy*, vol. I, cit., p. 11.
91 FRAZER, James George. *Totemism and exogamy*, vol. I, cit., p. 25-46.

Já do ponto de vista dos totens individuais, há um importante elemento: a exogamia.⁹² A exogamia corresponde ao fato de que pessoas com o mesmo totem não devem casar ou possuir relações sexuais entre si. O descumprimento de tais medidas podia levar a sérias punições, que em alguns casos poderiam ser individualizadas, mas que na maioria das vezes, eram aplicadas por todos os membros do clã que castigavam, humilhavam e oprimiam seus ofensores, em algumas situações - como nos aborígenes australianos -, até mesmo os matavam.⁹³

---

92 FRAZER, James George. *Totemism and exogamy*, vol. I, cit., p. 54.

93 Frazer estipula alguns exemplos de exogamias: "Exogamous Examples. — The Creek Indians are at present divided phratries [...] about twenty clans (Bear, Deer, Panther, Wild-Cat, Skunk, Racoon, Wolf, Fox, Beaver, Toad, Mole, Maize, Wind, etc.), and some clans have become extinct. These clans are (or were) exogamous; a Bear might not marry a Bear, etc. But further, a Panther was prohibited from marrying not only a Panther but also a Wild-Cat. Therefore the Panther and Wild-Cat clans together form a phratry. Similarly a Toad might not marry a member of the extinct clan Tchu-Kotalgi; therefore the Toad and Tchu-Kotalgi clans formed another phratry. Other of the Creek clans may have been included in these or other phratries; but the memory of such arrangements, if they existed, has perished. The Moquis of Arizona are divided into at least twenty-three totem clans, which are grouped in ten phratries ; two of the phratries include three clans, the rest comprise two, and one clan (Blue-Seed- Grass) stands by itself. The Choctaws were divided into two phratries, each of which included four clans; marriage was prohibited between members of the same phratry, but members of either phratry could marry into any clan of the other. The Chickasas are divided into two phratries - (i) the Panther phratry, which includes four clans, namely, the Wild-Cat, Bird, Fish, and Deer ; and (2) the Spanish phratry, which includes eight clans, namely, Racoon, Spanish, Royal, Hush-ko-ni, Squirrel, Alligator, Wolf, and Blackbird. The Seneca tribe of the Iroquois was divided into two phratries, each including four clans, the Bear, Wolf, Beaver, and Turtle clans forming one phratry, and the Deer, Snipe, Heron, and Hawk clans forming the other. Originally, as among the Choctaws, marriage was prohibited within the phratry but was permitted with any of the clans of the other phratry; the prohibition, however, has now broken down, and a Seneca may marry a woman of any clan but his own. Hence phratries, in our sense, no longer exist. Among the Senecas, though the organisation survives for certain religious and social purposes [...] FRAZER, James George. *Totemism and exogamy*, vol. I, cit., p. 56 e 57.

3.1.1. AS FRATRIAS

Com o desenvolvimento das relações sociais, os clãs - na representação da linhagem de um antepassado comum, já falecido, mas lembrado pelos vivos - tendem a se transformarem em fratrias.

As fratrias são um grupo de clãs cujo antepassado comum pode ser até mesmo um mito. Nas fratrias, há uma mistura de clãs que sobre a influência das mudanças sociais fazem com que seus totens tendem a passar para a forma de deuses humanos com símbolos animais.

Por mais que as fratrias sigam a exogamia, estas mudanças provocam um relaxamento da exogamia e revelam como o totem é um *topoi* da origem de nossa sociabilidade. Isto é o que justamente explica Andrew Lang na obra *The secret of the totem*. Segundo Lang, a investigação sobre o totemismo tem mais do que uma curiosidade intelectual, pois representa a possibilidade de se estudar a estrutura das mais primevas formas da sociedade humana.[94]

No totem temos a ideia de uma lei: tem-se a obrigação de respeito ao totem, sob pena de amaldiçoamento dos ancestrais.

Nas tribos, a ideia do direito costumeiro é mais antiga do que todas as outras diversas formas originais pelas quais estas mesmas se formaram. A forma mais antiga de direito que se pode encontrar é exatamente a que une a tribo pelo sistema do matrimônio que expressa a si mesmo no totemismo, em especial pela ideia de exogamia.

Esse direito (obrigação) funda a base universal de seu sistema social com a regra que obriga as pessoas a não cometerem relações sexuais promíscuas, estipulando que nenhum membro da tribo pode se casar com outro membro da mesma divisão, podendo casar tão somente com um membro da divisão opositora, adversa.[95]

Essa reflexão permite uma aproximação com a ideia do mito concebido por Freud que propõe o surgimento da religião, do direito e de tudo o mais que é da ordem da cultura, do humano e do simbólico, quando ao tratar do tema da exogamia explora a noção do incesto.

---

[94] LANG, Andrew. *The secret of the totem*, London, New York, Bombay: Longmans, Green and co, 1905, p. 3.

[95] LANG, Andrew. *The secret of the totem*, cit., p. 4.

A vinculação da exogamia ao totem realiza mais do que a prevenção do incesto com a própria mãe ou irmãs, tornando impossível ao homem as relações sexuais com todas as mulheres de seu próprio clã, ou seja, com certo número de mulheres que não são parentes consanguíneos, tratadas, pois, como se fossem parentes pelo sangue.

Disso se interpreta que o papel desempenhado pelo totem como antepassado comum é tomado muito a sério, pois todos que descendem do mesmo totem são parentes consanguíneos e formam uma única família e, dentro dela, mesmo o mais distante grau de parentesco é encarado como impedimento absoluto de relações sexuais.

Por essa razão que nessas organizações sociais existe um horror excepcionalmente intenso ao incesto, ou, minimamente, estas se mostram muito sensíveis ao assunto num grau fora do comum.

Na tese mítica freudiana, na origem disso tudo estaria a ocorrência do primeiro crime: o assassinato de um "pai" por não ter partilhado e limitado seu gozo, pois só ele era quem comandava e usava da horda em que viviam agrupados. Esse primeiro contrato existente, na realidade um pacto de sangue, acabava não resultando em benefício para as partes contratantes, pois os "filhos" ficavam sem quem os alimentava e protegia, além de receberem a reprovação das "mães" que também ficavam sem o "genitor fundamental". Isto reforça a tese de estruturação de um matriarcado em que a primeira lei fundadora da sociedade, ao mesmo tempo natural e social, é a da proibição do incesto.

Levi-Strauss chega a definir que em certos casos o incesto se confunde com a exogamia e que do ponto de vista mais geral o incesto exprime a passagem do fato natural da consanguinidade ao fato cultural da aliança[96]

3.2. SOLIDARIEDADE E VINGANÇA

Os membros dos grupos gentílicos vivem na forma de um comunitarismo aplicado em grande escala. Talvez, a experiência do princípio socialista nunca fora realizada de forma ilimitada na humanidade como no exercício e domínio do direito gentílico.

A solidariedade gentílica é manifestada eficazmente tanto nas relações internas quanta nas relações externas dos grupos.

---

[96] LÉVI-STRAUSS, Claude. *Estruturas fundamentais do parentesco*, Petrópolis: Vozes, 1982, p. 69 e 70.

Internamente os grupos gentílicos, na maioria das vezes, possuem uma economia coletiva. O trabalho necessário para a satisfação das necessidades básicas da vida é feito em comum. O grupo deve buscar conjuntamente dar conta de todas as despesas necessárias para as necessidades dos membros, seja individual ou comunitariamente.

A ideia de solidariedade gentílica expressa as bases do direito gentílico que, apesar de não ter se desenvolvido muito, estabeleceu categorias de direitos e deveres mútuos entre seus membros. Post indica que estes deveres e direitos são principalmente os seguintes: a obrigação de vir em auxílio de outros membros do grupo em todas as circunstâncias da vida e, particularmente, para ajudá-los caso eles se encontrassem em situação de miséria; a obrigação de regatá-los, se fossem capturados em cativeiro; a obrigação de pagar as suas dívidas e, especialmente, a obrigação de contribuir com o custo de casamentos; este dever também corresponde ao direito do grupo de receber uma parte do preço pago pela compra de uma mulher que a este pertence ou mesmo na venda de alguma mulher para casamento. Em alguns casos, a solidariedade gentílica se manifesta também no cumprimento de funerais de membros do grupo e na regulamentação da caça, uma vez que, em relação a esta última função, quem normalmente abate uma presa deve compartilhá-la com os outros membros do grupo gentílico.[97]

Além do mais, os membros de um grupo gentílico são intimamente ligados pela ideia de vingança. Eles têm o direito e o dever de exercer a vingança para com outro membro do grupo e vice-versa. A vingança que um dos membros do grupo chamou para si atinge todo o grupo, de forma que, quando a composição grupal admite vingança, os membros do grupo têm o direito de perceber igualmente uma parte, mas também são obrigados, se for o caso, de pagar para constituir o montante devido.[98]

A vingança nos povos tribais só pode ser tratada de maneira correta quando a reação em tela é produzida com a intenção não só de desviar ou amenizar o mal, como também de causa-lo, seja ao autor do primeiro ato ou a alguém relacionado a ele, a quem se considera responsável coletivamente.

A vingança é estabelecida como uma forma de justiça, segundo a qual o ofensor deve sofrer o mesmo mal que causou ao ofendido. Tal é

---

97 POST, Alberto Ermanno. *Giurisprudenza etnologica*, vol. I, cit., p. 143-144.

98 Sobre o tema da vingança, cf. CARNIO, Henrique Garbellini. *Direito e antropologia*, cit., p. 150-164.

o sentido explícito da Lei de Talião, que demonstra, mesmo nas tribos, certa moralidade que estrutura e rege as relações entre os membros dos grupos e os que com ele de alguma forma se relacionam.

Hans Kelsen ao estudar sobre a origem da pena, influenciado por Steinmetz[99], a distingue entre atos de vingança dirigidos e não dirigidos. Num sentido psicológico, não importa a direção da vingança, mas que a sensação desagradável recebida seja neutralizada pela sensação de causar o mesmo para outrem.

O sentimento de satisfação é fundamental para o conceito de vingança. A vingança contra o autor de um dano é mais que uma defesa instintiva, ela tem um efeito preventivo, único na relação entre indivíduos que convivem socialmente. A sua reação se dirige contra um elo da cadeia causal, contra um elo específico que atacado pela reação se torna uma causa menos provável de repetição de ocorrência do dano.

Assim, a experiência da vingança só pode ser experimentada por um ser que vive em sociedade. A vingança, isto é, a retribuição, só é possível na sociedade e não na natureza.

Na verdade, não é possível estabelecer uma clara distinção entre a reação denominada vingança e a reação da ideia de retribuição. O dano sofrido é considerado como uma violação de normas sociais, e, por isso, deve ser neutralizado.

Como já demonstrado, há para o homem tribal uma fundamental obrigação de proteção da vida do grupo como um todo.

Marret apresenta três condições normativas básicas das relações tribais. Estas seriam as primeiras leis: a proibição do incesto, a proibição de derramamento de sangue entre membros da tribo e a vingança de sangue em relação a membros de fora da tribo. A vingança de sangue é uma das mais antigas normas sociais. Ela estabelece que, quem mata deve morrer, e foi forjada sob exercício do princípio da retribuição.[100]

Outro interessante interlocutor sobre o exercício da vingança nas comunidades tribais e que nos parece interessante abordar até mesmo pela proximidade - tanto pessoal, quanto intelectual - com Post é Josef Kohler.

---

99 KELSEN, Hans. *Sociedad y naturaleza: una investigación sociologica*, cit., p. 80.
100 MARRET, Robert Ranulp. *Antropología*, cit., p. 26-48

Kohler refere-se em seus estudos à ideia da vingança parental (*Kin-Revenge*) e por meio dela chega-se à ideia de vingança de sangue envolvendo a interpretação animista e mágica das comunidades tribais.

> Há épocas em que esse elemento de punição só aparece, ou pelo menos desempenha um papel principal; assim, é nos períodos em que a vingança de parentesco é praticada [...] O dano que é assim expiado é especialmente o dano que os indivíduos sofreram; é o ferido, sua família, seu clã, que se consideram errados [...] Os períodos de vingança de sangue são tanto piores, porque essa vingança se realiza mesmo quando o membro da família não foi de fato morto. A ideia é bastante geral, nesses tempos, em que a morte pode ser causada por um feitiço; e se um homem morre inexplicavelmente, esforços são feitos imediatamente para descobrir de quem veio a influência maligna.[101]

A análise de Kohler esboça uma hipótese que acrescenta conteúdo à abordagem de Post.

A investigação etnológica de Post demonstra que o arcaico sujeito de direito não são pessoas individualmente consideradas, mas, sim, as comunidades de estirpe, representadas por tribos ou clãs que são fundadas em laços de parentesco sanguíneo e praticantes da vingança privada, pois, nas relações dessas comunidades toda a responsabilidade é coletiva e a vingança é prerrogativa da comunidade.

> A organização corporativa é sempre a forma mais recente de organização que se apresenta na vida dos povos. No ordenamento gentílico, territorial e senhorial, a personalidade jurídica individual é muito pouco desenvolvida, antes, pode-se dizer que o indivíduo, sujeito de direito, como o conhecemos em nossos dias, não existe. Apenas com a desagregação daquelas formas de organização, que sob todas as perspectivas, fazem-no quase desaparecer nos grupos sociais, o indivíduo emerge como centro independente da vida social. Dado o concebido da personalidade individual, é considerada base desta responsabilidade a culpa individual; a essa maneira de pensar contrapôs-se a organização corporativa e as outras formas de organização

---

101 KOHLER, Josef. *Philosophy of law*, New York: Augustus M. Kelley Publishers, South Hackensack: Rothman Reprints Inc., 1969, p. 268-270. Tradução nossa. No original: "There are ages in which this element of punishment alone appears, or at least plays a principal part; thus it is in periods when kin-revenge is practiced [...] The wrong that is thus expiated is especially the wrong that individuals have suffered; it is the injured individual, his family, his clan, that consider themselves wrong [...] Periods of blood-revenge are so much the worse, because this revenge is carried out even when the member of the family has not in fact been killed. The idea is quite general, in such times, that death may be caused by a magic spell; and if a man dies unaccountably, efforts are at once made to find out from whom the evil influence came."

social, sobretudo aquela gentílica. Enquanto o direito gentílico, por um ato ilícito cometido por um dos membros de um grupo, considera responsável o grupo inteiro, admite, respectivamente, que a violação de um membro de um grupo seja vingada pelo grupo inteiro e reputa como ato ilícito toda violação objetiva da esfera jurídica do ofendido, sem dar importância ao fato de que essa violação possa ou não ser imputada a uma culpa individual, a organização corporativa, em vez disso, não reconhece, em regra, a responsabilidade de terceiros pelos atos ilícitos cometidos por uma pessoa individual, mas considera responsável somente essa mesma pessoa.[102]

Além da noção da vingança e sua manifestação como forma de justiça nas organizações gentílicas, há também a ideia de que os membros de um grupo gentílico são responsáveis solidários pelas dívidas, contratos e multas que um de seus membros tornou-se responsável; a pena também é pública, quem cometeu algo que tem como efeito ser apenado também afeta aos demais integrantes e os membros são obrigados a testemunhar para ajudar uns aos outros como conspiradores.

O grupo é a principal representação e mote da origem de nossa sociabilidade, a nosso ver, a melhor expressão, então, para designa-lo é o conceito de bando.

---

[102] POST, Alberto Ermanno. *Giurisprudenza etnologica*, vol. I, cit., p. 29-30. No original: "L'organizzazione corporativa è sempre la forma più recente di organizzazione che si presenti nella vita dei popoli. Nell'ordinamento gentilizio, territoriale e signorile la personalità giuridica individuale à pochissimo sviluppata, anzi può dirsi che l'individuo, soggetto di diritto, come lo conosciamo noi ai dì nostri, non esiste. Soltanto col disgregarsi di quelle forme di organizzazione, che sotto ogni risguardo lo fanno quasi sparire nei gruppi sociali, l'individuo emerge come centro indipendente della vita sociale. Dato il concepito della personalità individuale, è considerata base di questa responsabilità la colpa individuale; in questa maniera di pensare si ha nu contrapposto l'organizzazione corporative e le altre forme dia organizzazione sociale, sopratutto quella gentilizia. Mentre il diritto gentilizio, per un atto illecito commesso da uno dei membri di un gruppo chiama responsabile il gruppo intero, ammette rispettivamente che la violazione d'un membro di un gruppo sia vendicata dal gruppo intero, e considera come atto illecito ogni violazione obbiettiva della sfera giuridica offeso, senza dar peso al fatto che questa violazione si possa oppure no ricondurre ad una colpa individuale, l'organizzazione corporativa invece per regola non riconosce responsabilizza dia terzi per gli atti illeciti commessi da una persona singola, me chiama responsabile questa medesima solamente."

3.3. O BANDO COMO RELAÇÃO POLÍTICA ORIGINÁRIA

Um grupo gentílico, em determinadas circunstâncias, pode expulsar de seu seio um dos seus membros e quebrar o ideal de solidariedade existente entre eles.

O membro expulso – (a)bando(nado) - perde todos os direitos e não possui mais nenhuma obrigação decorrente da comunhão gentílica.

Seguindo os apontamentos de Post, os efeitos principais do anúncio da expulsão do bando são os seguintes[103]:

1. Cessa a solidariedade e mesmo a noção de vingança entre os marginalizados e o grupo gentílico. Os membros do grupo, portanto, não têm mais obrigação de exercer vingança para com o abandonado, nem ele tem mais o mesmo direito de exercê-la. Se o proscrito cometer um ato que dá origem a vingança, a obrigação de retribuição já não recai sobre os membros que eram anteriormente de seu grupo. Não há mais obrigação de serem expostos à ideia de vingança dos atingidos.
2. O fato de cessar toda a solidariedade entre o proscrito e seu grupo se estende, de forma especial, à noção de obrigação com relação às dívidas. Inexiste obrigação do grupo de pagar possíveis dívidas do proscrito, quando estas forem contratadas após a determinação da proscrição.
3. A expulsão do grupo atinge toda a esfera da vida e da propriedade do proscrito. Este não conseguirá encontrar mais nenhuma garantia na representação do grupo.
4. A expulsão do grupo atinge toda a esfera da vida e da propriedade do proscrito. Este não conseguirá encontrar mais nenhuma garantia na representação do grupo.

Tais características do conceito de bando revelam um paradoxo, a saber, o de que ser indivíduo corresponde a estar excluído e incluído, ao mesmo tempo, desde as formas mais arcaicas de sociabilidade. A rigor, tal característica nos constitui e nos acompanha.

Giorgio Agamben, seguindo as pistas de Jean Luc Nancy, ao final de sua obra sua obra *Homo Sacer: o poder soberano e a vida nua I*, lança

---

[103] POST, Alberto Ermanno. *Giurisprudenza etnologica*, vol. I, cit., p. 144-145.

algumas teses principais. A primeira delas é justamente a de que no bando encontra-se a relação político originária.[104]

Agamben, utilizando a noção do indivíduo se firmar na relação entre incluído/excluído constrói uma arqueografia do exílio. Ele retoma a noção de exílio empregada na Grécia e em Roma e a controvérsia, de então, em se decidir se o exílio configurava o exercício de um direito ou a imposição de uma penalidade.

O exílio é o regime da *vita nua* e, a rigor, a forma de pertencimento ao estado de exceção, fato que coincide exatamente com a noção de *singularidade falha* e até mesmo com a definição de povo de Ernesto Laclau[105], no sentido de que, na exceção, a heterogeneidade está presente como aquilo que está sempre ausente, e por fim à noção de Jean-Luc Nancy[106], por meio da qual o conceito de *bando* se apresenta como uma relação entre a norma e a exceção, que define o poder soberano.[107]

O abandonado ou bandoleiro é um indivíduo muito peculiar e complexo, que não é só excluído da lei, mas alguém orientado para que a lei nele permaneça intacta, ao preço de mantê-lo amarrado, de tal forma que, não é possível nunca se saber ao certo se o *bandito* - desterrado, exilado, apátrida ou refugiado - está dentro ou fora da lei já que ele habita o limite da própria vida.

> O exílio não é, então, uma relação jurídico-política marginal, mas a figura que a vida humana adota no estado de exceção, é a figura da vida em sua relação imediata e original com o poder soberano. Por isso, não é um direito nem uma pena, não está nem dentro nem fora do ordenamento jurídico e constitui um limiar de indiferença entre o externo e o interno, entre a exclusão e a inclusão. Essa zona de indiferença, na qual o exilado e o soberano se comunicam pela relação de bando, constitui a relação jurídico-política originária, mais original do que a oposição entre amigo e inimigo

---

104 As teses são: "1) A relação política originária é o *bando* (o estado de exceção como zona de indistinção entre externo e interno, exclusão e inclusão). 2) O rendimento fundamental do poder soberano é a produção da vida nua como elemento político original e como limiar de articulação entre natureza e cultura, *zoé* e *bíos*. 3) O campo, e não a cidade, é hoje o paradigma biopolítico do Ocidente. Cf. AGAMBEN, Giorgio. *Homo sacer I: o poder soberano e a vida nua*, cit., p. 1

105 A referência feita é à obra: LACLAU, Ernesto. *La razón populista,* Fondo de Cultura Económica: Buenos Aires, 2005.

106 Cf. NANCY, Jean-Luc. *L'imperativo categorico*, Nardò: Besa, 2011.

107 ANTELO, Raul. *Lindes, limites, limiares*, cit., p. 10

que, segundo Schmitt, define a política. O sentimento de estranhamento de quem está no bando do soberano é mais estranho que toda inimizade e todo sentimento de estranhamento e, ao mesmo tempo, mais íntimo que toda interioridade e toda cidadania.[108]

O conceito de bando no pensamento de Jean-Luc Nancy é o mote principal de sua filosofia e foi anunciando pela primeira vez, com clareza, num livro dos anos 80, "L'impératif catégorique", em particular, no último ensaio denominado "O ser abandonado".

Sua tese é ontológica e propõe uma reflexão sobre o significado do ser centrado na complexa ideia de "localização do ser". Para dizermos que uma coisa existe ou é, nós dizemos que aquela tal coisa há. Segundo Davide Tarizzo, o projeto da obra de Nancy é o de estabelecer a condição crítica de uma sociedade na base, algo como uma filosofia primeira (ontologia do ser) e não mais de uma análise de caráter social, político ou econômico. O ser é compreendido como um ser-em-comum, ser-com, ser-uns-com-os-outros[109]

A idéia de dizer que uma coisa existe (aquele tal coisa há) é a mesma idéia de Heidegger quando fala de uma *Presença*. A proposta de Nancy, ao fundo, seria aquela de um próprio abandono do ser. É preciso deixar-se abandonar, autenticamente isto é que é pensar.

O ser é *desemparado* e, por essa razão, não se domina. Não possui soberania sobre si mesmo, já que não tem alguém consigo. Dessa maneira, ninguém pode reclamar a soberania sobre o ser.

> O ser encarna melhor a exceção fundadora da soberania: a exceção à lei, ou à soberania, que torna de tal modo cada lei, que torna cada nominação

---

108 AGAMBEN, Giorgio. *Política del exilio*, cit., p. 43. Tradução nossa. No original: "El exilio no es, pues, una relación jurídico-política marginal, sino la figura que la vida humana adopta en el estado de excepción, es la figura de la vida en su inmediata y originaria relación con el poder soberano. Por eso no es ni derecho ni pena, no está ni dentro ni fuera del ordenamiento jurídico y constituye un umbral de indiferencia entre lo externo y lo interno, entre exclusión e inclusión. Esta zona de indiferencia, en la que el exiliado y el soberano comunican mediante la relación de bando, constituye la relación jurídico-política originaria, más original que la oposición entre amigo y enemigo que, según Schmitt, define la política. El sentimiento de extrañamiento de quien está en el bando del soberano es más extraño que toda enemistad y todo sentimiento de extrañamiento y, al mismo tiempo, más íntimo que toda interioridad y toda ciudadanía."

109 TARIZZO, Davide. Filósofos em comunidade. Nancy, Esposito, Agamben in *O retorno da comunidade*, Raquel Paiva (org.), Rio de Janeiro, Mauad X, 2007, p. 38.

do ser uma legislação, ou um ato de soberania, sobre o ser desnudo e abandonado, sobre o ser fora da lei. E a partir daqui se poderia reler toda a obra de Nancy, que corresponde a uma aplicação rigorosa e sistemática desta particular *lógica* do abandono (ou da lei ou da soberania) de diversos campos de experiência e de diversos conceitos filosóficos, incluído naturalmente aquele da experiência. [110]

Nancy desenvolve a ideia de uma comunidade inativa, ou seja, uma comunidade sem motor, desativada, que não tem qualquer ideia de si mesma, que tão pouco sabe o que significa comunidade. A rigor, ela é a nossa comunidade, a que nós *hoje* compomos.

A advertência do Autor é a de que isto não deve ser razão de atribulação, pois uma comunidade abandonada, a sua simples vida-em-comum – privada de um nome e de uma essência –, é a única comunidade possível, a que se torna toda comum, sem barreiras identificáveis, raciais ou de qualquer outro tipo.

Com essas ideias, Nancy chaga a ser acusado na Alemanha de difundir uma ambígua mensagem ideológica e isto faz com que ele redirecione seu pensamento. Tarizzo ressalta que a *lógica* filosófica de Nancy é verdadeira e peculiar e pode ser aplicada tanto ao conceito de comunidade, quanto ao de liberdade, partilha ou corpo – como o fará depois. A rigor, ela é uma lógica da experiência. [111]

E o modo de se adquirir experiência de uma *lógica* é fazendo a experiência do pensamento enquanto tal. Ela é uma lógica da surpresa. Ao tratar sobre a liberdade, fala o Autor em liberdade da existência. A existência é a essência de si mesma. E se trata de uma experiência – não de uma simples ideia -, pois a liberdade não quer dizer qualquer coisa que se possa teorizar, mas, sim, de qualquer coisa que se pode experimentar, caso a caso, de maneira singular. O modo de dizer a liberdade é ele mesmo uma experiência.

Nancy afasta-se de um paradigma teórico propondo um paradigma experimental da filosofia e o que resta de sentido nessa experiência é a lógica da própria experiência como lógica da surpresa. O ser, então, não é concebido como uma essência comum a todas as coisas, na realidade, ele se solidifica em toda singular ocorrência e, portanto, é

---

[110] TARIZZO, Davide. Filósofos em comunidade. Nancy, Esposito, Agamben in *O retorno da comunidade*, Raquel Paiva (org.), Rio de Janeiro, Mauad X, 2007, p. 34.

[111] TARIZZO, Davide. Filósofos em comunidade. Nancy, Esposito, Agamben in *O retorno da comunidade*, Raquel Paiva (org.), Rio de Janeiro, Mauad X, 2007, p. 35.

sempre *singular-e-plural*. Não é uno, não possui um princípio, um fundamento ou uma essência da existência. *"'A existência é a essência de si mesma' significa que cada singular existência é uma essência, é uma livre ocorrência do ser enquanto tal, ou uma localização originária do ser"* [112]

O ser é singular - possui singularidade -, porque se solidifica em cada existência e é plural porque corresponde simultaneamente às diversificações da existência singular. Em suma: a singularidade do ser é a sua pluralidade.

> Dito de outra forma, o ser é a singularidade-e-pluralidade da existência, que é toda vez o sentido, em toda ocorrência singular do ser. Não há um Sentido (último, fundador) da existência, portanto, mas o sentido se localiza de vez em quando em diversos pontos, que são as mesmas fontes de sentido do ser. E cada ponto é tornado *singular* pela existência de uma pluralidade de outros pontos, que se tornam reciprocamente singulares. Neste exato sentido, a *existência* é sempre uma coexistência. E o sentido do ser é o simples "com" da existência: o ser-uns-com-os-outros, que é o sentido, cada vez singular e diferente, *plural*, da nossa "comum" existência. [113]

Nancy ao tratar sobre esta lógica em relação ao corpo coloca em primeiro plano o problema do sujeito.

Ao pensar a singularidade-plural a lógica do corpo se apresenta como uma lógica limite e o mesmo se dá com a psique. O corpo é como a exposição do sentido (do ser) e esta exposição é senão a exposição do *limite* do corpo. Não há um sujeito que preexista ao próprio corpo, ou que constitua o sentido do corpo. O corpo toca sempre o próprio limite e o toca no impacto com outros corpos.

A rigor, não existe um sentido do corpo, a psique não é isto, mas o corpo do sentido. E esta não se concentra no dentro, em *si*, o seu *si* é, ao invés, o *de fora*. O sujeito - ou si - não se entende como algo que se toca, que se sente na interioridade de um Si que existe já antes do corpo e que está dentro do corpo. Daí Nancy prefere cunhar uma expressão diferente: "tocar-se a ti", ao invés de "tocar a sim mesmo". [114]

---

[112] TARIZZO, Davide. Filósofos em comunidade. Nancy, Esposito, Agamben in *O retorno da comunidade*, Raquel Paiva (org.), Rio de Janeiro, Mauad X, 2007, p. 37.

[113] TARIZZO, Davide. Filósofos em comunidade. Nancy, Esposito, Agamben in *O retorno da comunidade*, Raquel Paiva (org.), Rio de Janeiro, Mauad X, 2007, p. 38.

[114] TARIZZO, Davide. Filósofos em comunidade. Nancy, Esposito, Agamben in *O retorno da comunidade*, Raquel Paiva (org.), Rio de Janeiro, Mauad X, 2007, p. 35.

A lógica proposta pelo Autor é uma lógica da qual nós afloramos - daquilo que em nós viceja -, uma experiência do caso a caso singular, não de um corpo particular.

> O ser abandonado já começou a constituir, sem que nós o saibamos, sem que possamos verdadeiramente saber, uma condição ineluctável para o nosso pensamento, e talvez até mesmo a sua única condição. Agora, a ontologia que nos reivindica a si é uma ontologia na qual o abandono resta como o único predicado do ser, ou ainda – e no sentido escolástico do termo, - o transcendental. Se o ser não terminou de dizer-se em múltiplos modos – *pollakôs légetai* – o abandono não aduz nada ao abandonar desse *pollakôs*. [...] A que deixar-se, então, abandonar? Senão àquilo que o abandono abandona. A origem do "abandono" é a colocação *a bandono*. O *bandono* (*bandum, band, bannem*) é a ordem, a prescrição, o decreto, a permissão e o poder que tem dele a livre disposição. Abandonar significa recolar, confiar ou entregar ao seu bando, isso é, à sua proclamação, à sua convocação e à sua sentença. [115]

A lei sobre a qual Nancy fala explicitamente ou lógica do abandono da experiência possui aplicação em diferentes âmbitos e conceitos filosóficos.

> O ser é abandonado, é banido; a sua lei é não obedecer a lei alguma, não responder a e por nenhum nome, mas ser abandonado a cada lei e a cada nome. Por isso o ser não obedece nem à lei do abandono, pois esta deve ser entendida como o desaparecimento de toda lei do ser que, nu, é abandonado e exposto "ao rigor sem limite da lei". O abandono não é a obrigação de responder a ou por um ou alguns artigos de lei, mas sim obrigação de comparecer diante da lei, na sua totalidade: "a lei do aban- dono é o outro da lei, que faz a lei [...]. Deixar-se abandonar. E é isso que talvez . O ser é a exceção fundadora da soberania, o fora-da-lei que funda a lei, que transforma cada nomeação do ser em uma lei, em uma legislação, um ato de soberania, sobre o ser abandonado. [116]

---

115 NANCY, Jean-Luc. *L'imperativo categorico*, cit., p. 149 e 158. No original: L'essere abbandonato ha già cominciato a costituire, senza che noi lo sappiamo, senza che possiamo veramente saperlo, una condizione ineludibile per il nostro pensiero, e forse persino la sua condizione unica. Ormai l'ontologia che ci rivendica a sé è un'ontologia in cui l'abbandono resta l'unico predicato dell'essere, o ancora – e nel senso scolastico del termine – il transcendentale. Se l'essere non ha terminato di dirsi in molteplici modi – *pollakôs légetai* – l'abbandono non aggiunge niente all'abbandonare di questo *pollakôs*. [...] A che cosa dunque lasciarsi abbandonare? Se non a quello a cui l'abbandono abbandona. L'origine dell' "abbandono" è la messa *a bandono*. Il *bandono* (*bandum, band, bannem*) è l'ordine, la prescrizione, il decreto, il permesso e il potere che ne detiene la libera disposizione. *Abbandonare* significa rimettere, affidare o consegnare al suo *bando*, cioè alla sua proclamazione, alla sua convocacione e alla sua sentenza.

116 PECORARO, Rossano. *Niilismo e ética: notas sobre Derrida e Nancy*. Veritas, vol. 52, n. 2, junho 2007, Porto Alegre, p. 128-139, p. 137.

Fazendo um apanhado do que até aqui foi apresentado podemos propor um arremate.

Ao investigar o conceito de bando no antigo direito germânico temos a confirmação de que este corresponde a uma transposição da matriz de direito obrigacional (débito e crédito), cuja ocorrência se verifica no processo de formatação de nossa própria sociabilidade pelas relações de troca.

Dito de outro modo, a origem da nossa sociabilidade e de todo o "projeto civilizatório" pode ser encontrado nas relações de troca encontradas nas tribos. Essa forma guarda em si o próprio sentido do bando. Aos poucos, tal forma é transposta na matriz de direito obrigacional (débito e crédito) e nos revela que

Ao investigar o conceito de bando no antigo direito germânico temos a confirmação de que este corresponde a uma transposição da matriz de direito obrigacional (débito e crédito), cuja ocorrência se verifica no processo de formatação de nossa própria sociabilidade pelas relações de troca.

Dito de outro modo, a origem da nossa sociabilidade e de todo o "projeto civilizatório" pode ser encontrado nas relações de troca encontradas nas tribos. Essa forma guarda em si o próprio sentido do bando. Aos poucos, tal forma é transposta na matriz de direito obrigacional (débito e crédito) que corresponde à base do processo de formação dos indivíduos.

Assim, ao lançar uma luz filosófica sobre o conceito de bando somos remetidos a um programa paradoxal.

O banimento nas tribos corresponde a um desligamento, uma privação total, uma expulsão da comunidade. A perda da paz e o descumprimento da lei expõem o condenado à mercê da violência e do arbítrio de indivíduos ou de grupos. No fundo, o que está em jogo é permanecer ou não no bando, já que a nossa condição, enquanto humanos, é a de ser (a)bando(do).

Ocorre que, só no reconhecimento de que somos seres de (a)bando(no) é que podemos de alguma maneira viver nos colocando em experiência na vida.

O que impressiona é que há uma linha tênue na compreensão desse fenômeno e seu movimento é marcado entre experiências de profundas crueldades e revelações libertadoras para outras formas de (con)vivência.

No trilho desta reflexão, vamos tentar seguir a linha do movimento que marcou historicamente o desenvolvimento de nossas relações sociais. Certamente, seu movimento foi predominantemente tensionado pela crueldade.

3.4.0 HOMO SACER NO DIREITO ROMANO

A palavra "sacer", seja como adjetivo (*sacer, sacra, sacrum*), seja como substantivo, foi utilizada pelos romanos de diversas formas e com diferentes significações.

> O termo latino *sacer* encerra a representação para nós mais precisa e específica do 'sagrado'. É em latim que melhor se manifesta a divisão entre profano e sagrado; é também em latim que se descobre o caráter ambíguo do 'sagrado': consagrado aos deuses e carregado de uma mácula indelével, augusto e maldito, digno de veneração e despertando horror. Esse duplo valor é próprio do *sacer*; ele contribui para a diferenciação entre *sacer* e *sanctus*, pois não afeta de maneira alguma o adjetivo *sanctus*. Além disso, é a relação estabelecida entre *sacer* e *sacrificare* que melhor nos permite compreender o mecanismo do sagrado e a relação com o sacrifício. O termo 'sacrifício', familiar a nós, associa uma concepção e uma operação que parecem nada ter em comum. Por que 'sacrificar' quer de fato dizer 'pôr à morte', se significa propriamente 'tornar-se sagrado'?[117]

Como relata Silvio Meira, encontra-se comumente no campo do direito e da religião os seguintes termos que evidenciam tal concepção: *homo sacer, mons sacer, sacra privata, sacer comitatus, sacrae largitiones, sacra domus, sacrum ver, sacrorum detestatio, sacra publica, rex sacrorum, sacra curionia, sacra scrinia*, além de diversas outras palavras que parecem derivar de *sacer*, como *sacerods, sacratus (leges sacratae), sacramentum, sacrificium (sacrificia stata, anniversaria), sacrosanctus*.[118]

O mais interessante é que algumas dessas expressões têm sentido jurídico e outras religioso. Há, ainda, em muitas delas um misto de direito e religião, como na palavra *homo sacer*.

Aqui dois sentidos nos importam: o primeiro, relativo a *homo sacer* no viés do *sacer esto* e, posteriormente a noção de *sacrificium*.

Adotamos a investigação do termo *homo sacer* decorrente da variação *sacer esto*, pois apesar de ser encontrada em poucas fontes de investigação do antigo direito romano, ela possui acentuado conteúdo jurídico.

De modo geral, a palavra *sacer* indica dois sentidos: o primeiro de sagrado, *i.e.*, alguma coisa que foi consagrada aos deuses e que, por

---

[117] BENVENISTE, Émile. *Vocabulário das instituições indo-européias*, vol. II, Campinas: ed. Unicamp, 1995, p. 189.

[118] MEIRA, Silvio. *O homo sacer no antigo direito romano* in Romanitas, Revista de cultura romana (língua, instituições e direito), ano II, Rio de Janeiro: Romanitas Livraria Editora, 1959, p. 76.

isso mesmo, não pode ser violada, nem contaminada; o segundo de coisa *execrada*, desprezível, que contamina a quem dela se aproxima.[119]

São duas ideias opostas, antagônicas, contidas no invólucro *sacer*. No direito de Roma, em seus treze séculos de desenvolvimento, encontra-se a palavra utilizada às vezes num e às vezes noutro sentido. Já na Idade Média, o sentido fundamental da palavra parece ter sido "sagrado" e, com o advento do Cristianismo, a palavra, ao que parece, se transferiu para a nova religião com outros matizes.

Permanecendo na investigação de ordem romana, o estudo das fontes permite algumas poucas referências latinas à expressão *homo sacer* e *sacer esto*.[120]

1. A inscrição em um túmulo, encontrado em 1899, no fórum romano: *Quoi honc violasit SAKROS estod*.
2. Um trecho de Dionísio de Halicarnasso (L. II).
3. Idem de Plutarco, sobre Rômulo, 13.
4. Idem de Sérvio, nos seus comentários à Eneida, 6, v. 609.
5. Idem de Festo, e Tito Lívio, II, 33, III, 55, X 38.

Todos esses fragmentos referem-se aos seguintes delitos: violação de túmulos, fraude ao patrono do cliente, Infração às *leges sacratae* e proteção de pessoa do tribuno da peble e retirada de marcos divisórios.

Estas são as principais referências de que se dispõe para a reconstituição desse instituto jurídico-religioso, cuja aplicação implicava na proscrição do indivíduo do meio social.

Com relação às formas, pode-se afirmar que *sacer* poderia se referir a uma penalidade que tratava sobre a violação de túmulos. Talvez a inscrição remonte ao início da própria Roma, sendo considerando por alguns autores que a inscrição esteja no próprio túmulo de Rômulo.

Sakros é a forma antiga de *sacer*. Esta referência teria cunho tanto jurídico quanto religioso devido ao grande respeito que os romanos tinham em relação a seus mortos.

A noção de *sacer* também ecoa em um trecho de Dionísio que atribui a Rômulo uma lei sobre as relações entre patronos e clientes e que teria sido reproduzida na Lei das XII Tábuas pelos decenviros. Nesta referência, *sacer* seria aquele que fraudasse o cliente. Sofreria o patrono, então, uma punição de caráter político.

---

[119] MEIRA, Silvio. *O homo sacer no antigo direito romano*, cit., p. 77.
[120] MEIRA, Silvio. *O homo sacer no antigo direito romano*, cit., p. 80

O devotamento a deuses infernais revela o lado rigoroso da punição e evidencia a sua identidade com a pena imposta pela violação de túmulos. Muito embora o preceito só declare *sacer* o patrono que fraudasse o cliente, admite-se a recíproca, dada a bilateralidade dos deveres existentes. Nesse caso, a pena poderia ser de morte, sem qualquer formalidade, e a ela não recairia qualquer conteúdo ou forma jurídica, mesmo penal.

Em outras situações, o conceito podia ser aplicado aos filhos ou noras que praticassem atos atentatórios à disciplina da vida doméstica ou ao seu culto, pois o *domus* era uma instituição sagrada e o *pater*, além do chefe de família e proprietário de todos os bens, impunha-se como sacerdote do culto doméstico ou mesmo da violação dos marcos divisórios.

Por fim, há ainda uma última referência que encontramos seguindo as pesquisas de Silvio Meira. O autor menciona um comentário de Macróbio, segundo o qual seria o sacrilégio furtar uma coisa sagrada, mas, haveria permissão paro assassínio de um homem sagrado. Na realidade, o *homo sacer* seria o homem sagrado, porque destinado a ser imolado aos deuses, não importando o deus pagão que fosse, pois o homem que era *sacer* pertencia à divindade, tornando-se intocável não porque fosse execrado, mas porque era sagrado[121]. O ato se apresentava, portanto, como sacrificial.

Não só entre os germanos, mas entre outros povos antigos, como nos etruscos e gregos, encontram-se instituições da mesma natureza e é interessante observar o fato de toda construção da noção do *sacer* romano, como forma elementar da estrutura gentílica de organização social, decorre de uma atividade normativa exercida pelo soberano.

> Também a excluir que a introdução no ordenamento jurídico dos preceitos indicados tenha dependido de uma atividade normativa exercida pelo soberano, talvez com a colaboração de outros órgãos da *civitas*, seria, de fato, plenamente admissível supor que esses concorressem para integrar o patrimônio consuetudinário da Roma arcaica, se não, até mesmo, das estruturas gentilícias e familiares pré-cívicas. Já existindo, em época monárquica, a solene formulação escrita dos preceitos aqui considerados, atribuindo-as aos próprios reis, os quais, provavelmente ajudados pelos pontífices, poderiam tê-las cristalizado em ordens próprias.[122]

---

121 MEIRA, Silvio. *O homo sacer no antigo direito romano*, cit., p. 96. Neste tópico o trecho analisado de Macróbio seria "*Pervenire autem ad Deos non potest anima, nisi libera ob onere corporis fuerit: quod nisi morte fieri non potest*".

122 GAROFALO, Luigi. Sulla condizione di 'homo sacer' in età arcaica in *Studia et documenta historiae et iuris*, Gabrius Lombardi (org.), Roma: Pontificia Universitas Lateranensis, 1990, p. 224. No original: "Anche ad escludere che l'introduzione

A explícita marca constitutiva do conceito de *homo sacer* entre o campo jurídico e o religioso é explorada por Giorgio Agamben de um modo que possibilita aprofundar nossa investigação.

Para ele, o *homo sacer* seria como um conceito-limite do ordenamento social romano que dificilmente seria explicado satisfatoriamente se mantido nas interpretações do *ius divinum* e do *ius humanum*.[123]

Dessa forma, projetando-se além do sentido de *homo sacer* como uma pretensa ambiguidade originária do sagrado, apoiado na noção etnológica de tabu, o Autor aposta em interpretar a figura da *sacratio* como autônoma e com a função de lançar luz sobre uma estrutura política originária que precede a distinção entre sacro e profano, entre religioso e jurídico.

Agamben credita à obra *Lectures on the religion of the Semites*, de Robertson Smith, editada em 1889, a análise da inserção das culturas tribais no interior do estudo da religião bíblica de uma maneira tão marcante que define a experiência ocidental do sagrado.

Entre os sentidos ambíguos da palavra sacro, Agamben refere-se também ao conceito de bando, apresentando-o como uma herança hebraica (*herem*) em que um pecador ímpio, ou então inimigos da comunidade e do seu deus eram destruídos. O bando seria uma forma de consagração da divindade e por isto que o verbo "banir" também é às vezes entendido como "consagrar".

O conceito de bando, assemelhado ao tabu, é desde o início determinante da gênese da doutrina da ambiguidade do sacro, uma vez que a ambiguidade do primeiro, que exclui incluindo, implica naquela do segundo.[124]

Na história do pensamento ocidental esta teoria ganha a dedicação de vários autores, por exemplo, na obra de Durkheim ela é utilizada no processo de psicologização da experiência religiosa e nas obras de

---

nell'ordinamento giuridico degli indicati precetti sia dipesa da un'attività normativa esercitata dal sovrano, magari con la collaborazione di altri organi della *civitas*, sarebbe infatti pienamente ammissibile supporre che essi concorressero ad integrare il patrimonio consuetudinario dell'arcaica Roma, se non, addirittura, delle strutture gentilizie e familiare preciviche. A muoversi già in età monarchica la solenne formulazione scritta dei precetti in considerazione, ascrivendola agli stessi re, i quali, probabilmente coadiuvati dai pontefici, potrebbero averli cristallizzati in proprie ordinanze"

123 AGAMBEN, Giorgio. *Homo sacer I: o poder soberano e a vida nua*, cit., p. 76

124 AGAMBEN, Giorgio. *Homo sacer I: o poder soberano e a vida nua*, cit., p. 78-79.

R. Otto, Freud e K. Abel - a partir de Fugier - penetra no âmbito da ciência e da linguagem.[125]

A estrutura da *sacratio*, de modo unânime, representa a conjunção de dois aspectos, a saber: a impunidade da matança e a exclusão do sacrifício. Assim, o que define realmente a condição do *homo sacer* não é simplesmente a pretensa ambivalência originária da sacralidade, que lhe é inerente, mas, acima de tudo, o caráter particular da dupla exclusão em que se encontra preso e da violência à qual se encontra exposto, ou seja, a morte insancionável que qualquer um pode cometer em relação a ele e que não é classificável, nem como sacrifício e nem como homicídio; nem como execução de uma condenação e nem como sacrilégio.

A questão a ser posta, então é a seguinte: soberania e *sacratio* não são de algum modo conexas e podem, nesta conexão mesma, iluminar-se reciprocamente?

Ao se restituir o *homo sacer* ao seu lugar próprio, além do direito penal e do sacrifício, compreende-se que sua representação é a de uma figura originária da vida presa no *bando* soberano que conserva a memória da exclusão originária por meio da qual se constitui a dimensão política.

> O espaço político da soberania ter-se-ia constituído, portanto, através de uma dupla exceção, como uma excrecência do profano no religioso e do religioso no profano, que configura uma zona de indiferença entre sacrifício e homicídio. Soberana é a esfera na qual se pode matar sem cometer homicídio e sem celebrar um sacrifício, e sacra, isto é, matável e insacrificável, é a vida que foi capturada nesta esfera.[126]

A aposta de Agamben é tão forte que a proximidade entre a esfera da soberania e do sagrado vai além da ideia de que resta um simples resíduo secularizado do originário caráter religioso de todo poder político, mas a sacralidade é, sobretudo, a forma originária da implicação da vida nua na ordem jurídico-política, de modo que o *homo sacer* nomeia em sua relação com o bando algo como a relação política originária, a saber, a vida enquanto, na exclusão inclusiva, serve como referente à decisão soberana.[127]

---

125 AGAMBEN, Giorgio. *Homo sacer I: o poder soberano e a vida nua*, cit., p 79-81.
126 AGAMBEN, Giorgio. *Homo sacer I: o poder soberano e a vida nua*, cit., p. 84-85
127 AGAMBEN, Giorgio. *Homo sacer I: o poder soberano e a vida nua*, cit., p. 86.

No final dos anos cinquenta, Ernst Kantorowicz publicou nos EUA a obra *The king's two bodies*[128] que sagrou-se como obrigatória para os estudiosos de política e teoria do estado. Por mais que reconheçamos a modéstia do autor no prefácio da obra, sem sombra de dúvidas, o livro representa um dos grandes textos críticos dirigido ao estudo da teoria do estado e sobre as técnicas de poder.

Uma das ocupações centrais desta obra é a originalidade com que seu autor trabalha com o tema da soberania, dedicando-se a tratar a sua natureza perpétua, por meio da qual a dignidade real sobrevive à pessoa física de seu portador. A analogia proposta com o corpo místico de Cristo a assegurar o corpo moral e político do estado é o gancho que promove um dos esteios de sua análise.[129]

Na análise do capítulo VI encontra-se o lado mais obscuro do poder soberano ao se encontrar o relato sobre a descrição das singulares cerimônias fúnebres dos reis franceses. Nelas a efígie de cera do soberano ocupava um posto importante, já que era tratada em tudo e por tudo como uma pessoa viva do rei. Segundo o autor seria essa a possível apoteose dos imperadores romanos. Ela revela exatamente a ideia do vínculo entre a efígie e o caráter perpétuo da soberania.

Segundo Agamben, olhando além do sentido trivial da relação entre a efígie e o caráter perpétuo da soberania, situa-se aí, antes, a ideia de um rito macabro e grotesco, por meio do qual uma imagem era primeiramente tratada como uma pessoa viva e depois solenemente queimada, indicando uma zona mais obscura e incerta, na qual o corpo

---

[128] KANTOROWICZ, Ernst. *Os dois corpos do rei: um estudo sobre teologia política medieval*, São Paulo: Cia das Letras, 1998

[129] Segundo o autor: "Enquanto a elevada ideia da Igreja como *corpus mysticum cuius caput Christus* era inflada de conteúdos seculares, corporativos e também legais, o Estado secular – partindo, por assim dizer, do extremo oposto – empenhava-se em sua própria exaltação e glorificação quase religiosa. O conceito nobre do *corpus mysticum*, após haver perdido grande parte de seu significado transcendental e ter sido politizado e, em muitos aspectos, secularizado pela própria Igreja, foi uma presa fácil do mundo do pensamento dos estadistas, juristas e acadêmicos que estavam desenvolvendo novas ideologias para os Estados territoriais e seculares nascentes. KANTOROWICZ, Ernst. *Os dois corpos do rei*, cit., p. 133

político do rei parecia se aproximar até o ponto de quase confundir-se com ele[130], do corpo matável e insacrificável do *homo sacer*.[131]

Tudo acontece como se o rei em si não fosse dois corpos, mas duas vidas em um só corpo, uma vida sacra e uma vida natural, de modo que a vida sacra, após o regular rito fúnebre, sobrevive à vida natural e, assim, pode ser admitida no céu e divinizada.[132] Isso reúne o soberano, o *homo sacer* - e também o devoto - em um único paradigma.

> Um primeiro e imediato confronto é oferecido pela sanção que castiga o assassinato do soberano. Sabemos que o assassinato do *homo sacer* não constitui homicídio (*parricidi non damnatur*). Pois bem: não existe nenhum ordenamento (nem mesmo entre aqueles em que o homicídio é sempre punido com a pena capital) que o assassinato do soberano tenha sido sempre simplesmente assinalado como um homicídio. Ele constitui, em vez disso, um delito especial que (depois que, a partir de Augusto, a noção de *maiestas* associa-se cada vez mais intimamente à pessoa do imperador) é definido como *crimen lesae maiestatis* [...] Mas até mesmo outro caráter que define a vida do *homo sacer*, ou seja, a sua insacraficabilidade nas formas previstas pelo rito ou pela lei, reencontra-se minunciosamente relacionado com a pessoa do soberano [...] Ainda nas constituições modernas, um traço secularizado da insacraficabilidade de vida do soberano sobrevive no princípio segundo o qual o chefe de Estado não pode ser submetido a um processo judiciário ordinário. Na constituição americana, por exemplo, o *impeachment* implica a uma sentença especial do Senado presidido pelo *Chief justice*, que pode ser pronunciada somente por *high crimes and misdemeanors* e cuja consequência é apenas a deposição do ofício, e não uma pena judicial. [...][133]

A simetria dos corpos, do soberano e do *homo sacer*, permite-nos concluir o elemento de indissociabilidade entre o político e o jurídico.

---

130 AGAMBEN, Giorgio. *Homo sacer I: o poder soberano e a vida nua*, cit., p. 95.

131 Da mesma forma, Agamben também analisa a relação entre o *homo sacer* e o *devotus*, que consagra a própria vida aos deuses ínferos para salvar a cidade de um grave perigo. Cf. AGAMBEN, Giorgio. *Homo sacer I: o poder soberano e a vida nua*, cit., p. 96-99.

132 Para uma análise da força simbólica do poder dos reis a partir de uma análise do conceito de poder carismático de Weber e ainda com referência à obra aqui referida de Kantorowicz em capítulo intitulado *Cetros, reis e charisma: reflexões sobre o simbolismo do poder* cf. GEERTZ, Clifford. *O saber local: novos ensaios em antropologia interpretativa*, 8 ed., Petrópolis: Vozes, 2006, p. 183-219.

133 AGAMBEN, Giorgio. *Homo sacer I: o poder soberano e a vida nua*, cit., p. 102-103.

3.5. RUDOLF VON JHERING E SUA ABORDAGEM SOBRE A PROSCRIÇÃO: HOMO SACER, WARGUS, FRIEDLOS

Ao lado de pensar a gênese da civilização, e com ela do Estado, a partir da interiorização e espiritualização da crueldade, e com apoio em categorias jurídicas tanto de direito penal - os castigos -, como de direito pessoal - *obligatio* -, deve-se destacar o esforço em prol de uma *história natural do dever e do direito*. Essa proposta permite uma concepção de direitos e deveres ligada a relações de poder e sujeição, recolocando em novos termos a equação entre direito e força[134].

No contexto organizacional das comunidades tribais, encontra-se, na realidade, a herança que foi legada à humanidade da necessária noção de cômputo e equilíbrio na instituição e reconhecimento de direitos e obrigações.

De modo muito interessante, ao tratar sobre o assunto das organizações gentílicas e a ideia de banimento, Jhering promove um estudo antropológico do direito original e extremamente profícuo para o ambiente das nossas reflexões.[135]

Jhering acredita que a formação do Estado é precedida da existência de um agregado de indivíduos, cuja reunião em famílias ou camadas sociais não merece ainda o nome de Estado.

Nesta linha, Jhering se apresenta como um crítico da teoria do contrato social, não se alinhando às suas bases consagradas na história do pensamento político, pois vai reconhecer na instituição do direito no

---

[134] GIACOIA JUNIOR, Oswaldo. Nietzsche e a genealogia do direito, *Crítica da Modernidade,* cit., p. 35-36.

[135] O tema está no primeiro volume da obra *O espírito do direito romano*, no Livro Primeiro, cujo título é *Origens do direito romano* (§§ 7 e 8), além de em outros tópicos do conjunto da obra, como nos §§ 11, 12, 17, 24, 25. Cf. ainda sobre o tema CARNIO, Henrique Garbellini. *Notas sobre o pensamento antropológico jurídico de Rudolf von Jhering* in (Re)pensando o direito: estudos em homenagem ao prof. Cláudio de Cicco, Alvaro de Azevedo Gonzaga e Antonio Baptista Gonçalves (org.), São Paulo: Editora Revista dos Tribunais, 2010, p. 125-132.

povo romano a violência, a força física[136], e que "*a força material, poder, é, pois, a origem do direito*".[137]

Desse modo, sua investigação abarca conceitos fundamentais de nossa investigação como: justiça privada, nascimento da ideia de pena, vingança, culpa, sacrifício, castigo, crédito e débito.

Ao analisarmos o modo como Jhering pensa a origem do direito em relação a violência e a associação comunitária podemos perceber que sua preocupação se assenta sobre os problemas centrais da filosofia política e do direito. Para os fins de nossa proposta, mais detidamente abordaremos aqui sua investigação sobre o estudo da proscrição no direito romano.

Para Jhering, a proscrição no antigo direito romano é vinculada à *sacratio*. Ele associa o *sacer* romano ao *friedlos* germânico, ambos condenados a viver em estado de proscrição religiosa e civil, completamente excluídos da comunidade humana e sujeitos à vingança divina.[138]

O banido era um inimigo da paz, um ser nocivo e completamente "*excluído, por consequência da comunidade humana, era privado de todos os seus bens em proveito dos deuses, podendo até ser morto pelo primeiro que assim o quisesse*"[139]. Matar o *sacer* sequer era considerado homicídio.

> O perfeito caráter da pena sacer esse indica que não nasceu no sólo de uma órdem jurídica regulada, mas remonta ao período da vida présocial, como um fragmento da vida primitiva dos povos indogermânicos. Não indagaremos si a palavra grega << νχΥη< ς tem alguma analogia com esse estado; mas a antigüidade germânica escandinava mostra, sem dúvida alguma, que o banido, ou forasteiro, é irmão do homo sacer (warges, varg, lobo; e no sentido religioso, lobo santo, vargr i veum). Esta semelhança histórica, que até aqui não foi feita por ninguém, que saibamos, é de um valor inestimável para a compreensão exata do sacer romano. É opinião generalizada que ninguém se convertia em sacer por conseqüência imediata do delito, e sim

---

136 Um texto interessante em que Jhering se dedica ao assunto é referente a sua conferência na Sociedade Jurídica de Viena em 1844. Cf. JHERING, Rudolf von. *Sobre el nascimiento del sentimiento jurídico*, Madrid: Minima Trotta, 2008, p. 31-67.

137 Cf. JHERING, Rudolf von. *O espírito do direito romano: nas diversas fases de seu desenvolvimento*, vol. 1, Trad.: Rafael Benaion, Rio de Janeiro: editora Alba, 1943, p 91-93.

138 GIACOIA JUNIOR, Oswaldo. *Notas sobre direito, violência e sacrifício* in Estado, soberania, mundialização, vol. 5, n. 2, outubro de 2008, Curitiba, São Carlos: Dois pontos, p. 37.

139 JHERING, Rudolf von. *O espírito do direito romano: nas diversas fases de seu desenvolvimento*, vol. 1, cit., p. 203

por uma condenação, ou pelo menos, que se comprovasse o facto ... Isso prova, com efeito, que o que se considerava como impossível para a antiguidade romana, isto é, o homicídio do proscrito sem razão e sem direito, foi de indiscutível realidade na antiguidade germânica.[140]

O significado da palavra remete a *bandido*, mas também a *banido* – excluído – do mesmo modo que, em alemão, os termos *Bande* e *Bann* designam tanto a expulsão da comunidade quanto a insígnia de governo do soberano.

Tal como se encontra explicitamente mencionado na obra de von Jhering, *O Espírito do Direito Romano*, o termo *Bann* guarda relação com a *sacratio* romana arcaica, designando o fora da lei, proscrito e banido da proteção do ordenamento primitivo, que, enquanto tal, poderia ser morto independentemente de um juízo e fora do direito.

A figura do banido era, na antiguidade germânica, o *Friedlos*, o 'sem paz'. Ela tem seu fundamento na paz (*Fried*) assegurada na comunidade, da qual a proscrição o excluía. Tratava-se, pois, de um caso de exclusão includente, ao qual o ordenamento jurídico *se aplica integralmente*, por meio de sua própria suspensão – a instituição do bando mantém o proscrito *capturado fora* do ordenamento, na medida em que a aplicação (incidência) da decisão soberana consiste precisamente na exclusão e suspensão da lei e da paz, fazendo coincidir, num mesmo ato, suspensão (exclusão) e aplicação (inclusão).[141]

Esta é a pista inestimável deixada por Jhering que, na esteira do pensamento de Agamben, renasce de maneira emblemática, fornecendo subsídio para a compreensão do vínculo ancestral entre violência, sacrifício e direito. Isto abre um campo fecundo de indagação sobre o mito fundador da soberania, que refaz inteiramente a interpretação hegemônica, na filosofia política e do direito, do clássico mitologema hobbesiano do contrato originário.

---

140 JHERING, Rudolf von. *O espírito do direito romano: nas diversas fases de seu desenvolvimento*, vol. 1, cit., p. 203.

141 GIACOIA JUNIOR, Oswaldo. *Notas sobre direito, violência e sacrifício*, cit., p. 38.

4. DIREITO E RELIGIÃO

A experiência paradoxal da condição do *homo sacer* pode muito bem ser encontrada na construção de toda a experiência religiosa e os contornos normativos que ela revela.

Mircea Eliade, em sua afamada obra *O sagrado e o profano*[142], apresenta a hipótese de uma pista inicial sobre tal ideai. Ao fazer referência à obra *Das Heilige* de Rudolf Otto, o autor explora a ideia da experiência religiosa, negligenciando, propositalmente, o lado racional e especulativo da religião.

A aposta no lado irracional da experiência religiosa permite pensar que a noção do "Deus vivo" não era uma ideia, uma noção abstrata, uma simples alegoria moral - portanto, racional -, mas sim, pelo contrário, a representação de um poder terrível, manifestado na "cólera" divina.

Essa análise projeta a visualização de uma experiência terrífica e irracional, pois descobre o sentimento de pavor, do medo diante do sagrado. Diante deste *mysterum tremendum* é exalada uma superioridade esmagadora de poder. São experiências numinosas, pois provocadas pela revelação de um aspecto do poder divino.[143]

Esse sentido numinoso - *ganz andere* - não se assemelha a nada de humano ou cósmico. Diante dele, o homem tem o sentimento de uma profunda nulidade, pois não passa de uma mera "criatura", cinza e pó, para usar a expressão bíblica dos dizeres de Abraão ao Senhor.

Com isso, vislumbra-se que o sagrado sempre se revela como uma realidade inteiramente diferente das realidades "naturais", sendo certo que a linguagem exprime ingenuamente o *tremendum*, o *mysterium fascinans*, a *majestas*, por meio de termos tomados de empréstimo ao domínio natural ou à vida espiritual profana do homem, revelando-se

---

142 ELIADE, Mircea. *O sagrado e o profano*, São Paulo: Martins Fontes, 1992.

143 ELIADE, Mircea. *O sagrado e o profano*, cit., p. 16.

aí a incapacidade humana de exprimir o *ganz andere*, pois "*a linguagem apenas pode sugerir tudo o que ultrapassa a experiência natural do homem mediante termos tirados dessa mesma experiência natural*".[144]

Nessa trilha, Eliade busca explorar a complexidade do fenômeno do sagrado em todos os seus meandros e não apenas nas epifanias do seu comportamento racional ou irracional, mas em sua totalidade, propondo que a primeira definição que se pode dar ao sagrado é a de que ele se opõe ao profano - o vínculo paradoxal da relação excluído/incluído.[145]

A definição do sagrado em oposição ao profano é algo que profundamente nos interessa, pois revela os limites característicos da relação política originária em que o homem se projeta, pois é intermediada pelo poder e pela violência, não sendo à toa que a hipótese inicial na qual apostamos seja a ideia da experiência irracional, de pavor, que remete à condição da experiência religiosa.

Para o homem religioso "o *espaço não é homogêneo*: o espaço apresenta roturas, quebras; há porções de espaço qualitativamente diferentes das outras"[146]. Mircea Eliade concebe o sagrado a partir de sua oposição ao profano, definindo-os como "*duas modalidades de ser no mundo, duas situações existenciais assumidas pelo homem ao longo de sua história*"[147], o que inclui a questão do tempo, do espaço, das relações com a natureza e com o mundo dos utensílios, bem como a própria consagração da vida humana (o trabalho, a sexualidade, alimentação etc.). Considerar a heterogeneidade do espaço sagrado é algo fundamental nesta hipótese: o sagrado – o sacer – não pode ser homogêneo, ele carrega a heterogeneidade em si, a dualidade que lhe garante à apreensão de uma hierofania e que representa, ao mesmo tempo, o corpo capaz de ter uma apreensão diferenciada da realidade.

A concepção política que trabalha pelo viés da força e da opressão desconsidera as roturas do espaço e o iguala em sua totalidade: assim, o homem religioso passa a viver em um mundo homogêneo, no qual o seu corpo pode sofrer toda e qualquer violência sem que haja esperança de que, no meandro das quebras do espaço sagrado, haja uma forma de salvação. Ao mesmo tempo, se considerado o espaço como hetero-

---

144 ELIADE, Mircea. *O sagrado e o profano*, cit., p. 16.

145 ELIADE, Mircea. *O sagrado e o profano*, cit., p. 17.

146 ELIADE, Mircea. *O sagrado e o profano*, cit., p. 25.

147 ELIADE, Mircea. *O sagrado e o profane*, cit, p. 20.

gêneo, o paradoxo se faz: para haver salvação, é necessário que haja sacrifício: o corpo se torna sagrado para sofrer a violência e garantir a heterogeneidade – portanto a sacralidade – do evento.

A trajetória do projeto de organização social, por essa visão, esclarece a indissociabilidade da política e do direito. Em outras palavras, revela uma outa forma - para nós mais convincente - da originariedade e originalidade do caráter normativo das relações sociais.

Desde as mais elementares hierofanias, como, por exemplo, a manifestação do sagrado numa coisa qualquer, uma pedra, um animal e até a ideia cristã da encarnação de Deus em Jesus Cristo, não existe solução de continuidade. Encontra-se o homem sempre diante do mesmo ato misterioso, algo da ordem de uma manifestação de uma realidade que não pertence ao nosso mundo, cabendo ao homem ocidental moderno a experimentação de um mal-estar diante das inúmeras formas de manifestações do sagrado.[148]

O interessante é que não parece fácil, mas, sim, bem difícil para o homem moderno aceitar que certos seres humanos pudessem crer que o sagrado manifesta-se em pedras ou animais, por exemplo. A questão, contudo, não diz respeito à veneração de uma pedra ou animal, mas ao fato de que quando estas se revelavam enquanto hierofania, aquilo já não é uma mera pedra ou um mero animal, mas o sagrado, o *ganz andere*.

Nesta linha de raciocínio, encontra-se sempre um paradoxo que constitui toda experiência religiosa, toda hierofania: até a mais elementar e primitiva é tão recorrente e normal que certamente pode ser afirmado que o mundo profano, na sua totalidade, a ideia de um Cosmos dessacralizado, é realmente uma descoberta deveras recente na história do espírito humano.

A personificação mais interessante dessa definição é exatamente encontrada na experiência religiosa do sacrifício.

4.1. A EXPERIÊNCIA RELIGIOSA DO SACRIFÍCIO

No sacrifício há o aprofundamento dessa experiência paradoxal, em especial, naquilo que representa a noção de um espaço sagrado e a sacralização do mundo, tanto na localização territorial quanto espiritual.

---

[148] ELIADE, Mircea. *O sagrado e o profano*, cit., p. 17-18.

Um exemplo interessante encontrado na literatura especializada sobre o tema é a investigação dos fenômenos religiosos sacrificiais dos vedas.

De modo singularmente conceitual e complementar, alguns autores traçam uma construção que demonstra exatamente o que pretendemos expressar. Nossa reflexão estrutura-se nos lindes apresentados na obra *O sagrado e o profano* de Mircea Eliade e, numa possível complementação, nas obras *O sacrifício* de René Girard e ainda no afamado ensaio *Sobre o sacrifício* de Marcelo Mauss e Henri Hubert.

Na intersecção desses autores revela-se a ideia de que a reflexão antropológica viu no sacrifício, durante muito tempo, uma espécie de enigma que ela procurou resolver, ficando claro que o termo sacrifício é utilizado para morte de Jesus num sentido absolutamente contrário ao arcaico e - por meio da teoria mimética de Girard – identifica-se no próprio sacrifício um poder paradoxal de reflexão tranquila que provoca, em longo prazo, a superação dessa instituição violenta, no entanto, fundamental para o desenvolvimento da sociedade.

A investigação do caminho dessa superação apresenta, na realidade, a verificação da ocorrência de outras formas da sacrificação que ganham novos contornos nos dias atuais.

Mauss e Hubert prudentemente apresentam a conceituação e esquematização do sistema sacrificial. A proposta do ensaio deles, publicado originalmente como *Essai sur la nature et la fonction du sacrificie* na Année Sociologique (segundo volume, ano de 1899) é, antes de tudo, descritiva.

Segundo Mauss e Hubert, o sacrifício sugere imediatamente a ideia de consagração, podendo se pensar que as ideias se confundem. Indiscutivelmente, o sacrifício sempre implica uma consagração, em outras palavras, em todo sacrifício um objeto passa do domínio comum ao domínio religioso.

Ocorre que as consagrações não são todas da mesma natureza, algumas esgotam seus efeitos no objeto consagrado, indiferentemente do que este seja coisa ou homem; já no sacrifício, pelo contrário, a ideia de sagração vai além da coisa consagrada, atingindo, entre outras coisas, a pessoa moral que se encarrega da cerimônia.[149]

Todos os participantes do ato sacrificial são enredados numa teia que os modifica no acontecimento do sacrifício. O crente que forneceu

---

[149] MAUSS, Marcel; HUBERT, Henri. *Sobre o sacrifício*, Trad.: Paulo Neves, São Paulo: Cosac Naify, 2005, p. 15.

a vítima, por exemplo, não é, ao final da consagração, o que era no seu começo, pois adquiriu um caráter religioso que não possuía, ou, também pode acontecer de ter se desembaraçado de um caráter que o atingia, elevando-se a um estado de graça ou mesmo saindo de um pecado. De qualquer forma, o que o marca é que, em todos os casos, ele é religiosamente transformado.

A par da definição de sacrifício, os autores explicitam também o papel do sacrificante, que representa o sujeito que recolhe os benefícios do sacrifício ou se submete a seus efeitos. Este sujeito pode ser ora um indivíduo, ora uma coletividade, como uma família, um clã, uma tribo ou nação. Na representação coletiva, o grupo pode assistir em conjunto ao sacrifício, mas também pode delegar a um de seus membros a função de agir em seu lugar. Assim, a família é geralmente representada pelo seu chefe e a sociedade por seus magistrados.

Outra importante definição é a ideia dos objetos do sacrifício. Eles são as coisas em relação as quais o sacrifício é feito. Isto evidencia que a irradiação da consagração sacrificial não se faz sentir diretamente, somente no próprio sacrificante, mas em algumas coisas mais ou menos diretamente ligadas à sua pessoa.

Esta seria a representação da ação irradiante do sacrifício, que de forma particularmente sensível, produz um duplo efeito: um sobre o objeto pelo qual é oferecido e sobre o qual se quer agir, outro sobre a pessoa moral que deseja e provoca esse efeito.

Com isso, vê-se que o traço distintivo da consagração no sacrifício é o de que a coisa consagrada sirva de intermediário entre o sacrificante e a divindade à qual o sacrifício é endereçado, de tal forma que o homem e o deus não estejam em contato imediato.[150]

A fórmula determinante do conceito de sacrifício é a de que este representa *"um ato religioso que mediante a consagração de uma vítima modifica o estado da pessoa moral que o efetua ou de certos objetos pelos quais se interessa"*.[151]

Interessante aqui tomar conta do que resulta da definição apresentada pelos autores, havendo analogias e diferenças entre a pena religiosa e o sacrifício, ao menos o sacrifício expiatório. Fato é que a pena religiosa implica igualmente uma consagração, sendo os ritos bastante semelhantes aos do sacrifício expiatório.

---

[150] MAUSS, Marcel; HUBERT, Henri. *Sobre o sacrifício*, cit., p. 17.
[151] MAUSS, Marcel; HUBERT, Henri. *Sobre o sacrifício*, cit., p. 19.

No caso da pena, a manifestação violenta da consagração se aplica diretamente ao sujeito que cometeu o crime e que o expia ele próprio, enquanto que, no caso do sacrifício expiatório, ao contrário, há uma substituição e é sobre a vítima que incide a expiação, e não sobre o culpado.

A dimensão sacrificial é complexa e muitos autores buscaram delimitar categorias de sacrifício, como os sacrifícios expiatórios, sacrifício de ações de graças, sacrifícios-demandas etc. A questão é que todas elas apresentam problemas, uma vez que, na verdade, os limites entre as categorias são indecisos e muitas vezes até mesmo indiscerníveis, pois as mesmas práticas se verificam em certo grau em todas.

Metodologicamente, optamos pela indicação de Mauss e Hubert ao suporem uma unidade genérica dos sacrifícios, sendo esta a mais instrutiva forma de analisá-los pela simples divisão entre sacrifícios constantes e ocasionais.[152]

Os sacrifícios ocasionais, em primeiro lugar, são os sacramentais (*samskâr*), ou seja, os que acompanham os momentos solenes da vida. Alguns são representados como parte do ritual doméstico e são realizados por ocasião do nascimento, da partida do pupilo, do casamento etc. Outros fazem parte do ritual solene, como a unção do rei e o sacrifício que conferem a qualidade religiosa civil considerada superior a todas as outras.

Em segundo lugar, há os sacrifícios votivos, cujo caráter ocasional é ainda mais marcante, como, por exemplo, para obter um filho ou vida longa. Estes são extremamente numerosos. Por fim, existem os sacrifícios curativos e expiatórios.

Os sacrifícios constantes (*nityâni*), ou melhor, periódicos, estão ligados a certos momentos fixos, independentes da vontade dos homens e do acaso das circunstâncias. São exemplos destes os sacrifícios diários, da lua nova e da lua cheia, sacrifícios das festas sazonais e pastoris e das primícias de fim de ano.

4.1.1. O SOMA E O BODE EXPIATÓRIO

O *soma*, em termos conceituas, representa a ideia do paradoxo que estamos tratando neste trabalho. A tradução da palavra *soma*, para nós, foi baseada do composto *somayajna*, como um nome comum. O termo é, na verdade, intraduzível, pois *soma* designa ao mesmo tempo a *planta vítima, o deus que produz o sacrifício* e o *deus sacrificado*.

---

[152] MAUSS, Marcel; HUBERT, Henri. *Sobre o sacrifício*, cit., p. 20-21.

Segundo Girard, o *soma* é uma planta que crescia de maneira selvagem nas encostas do Himalaia e os sacrificadores extraíam dela uma bebida qualificada como divina por causa de suas propriedades alucinógenas. Para obter a bebida dos caules, estes eram espremidos até soltarem o líquido correspondente. Esta operação em si já era um rito sacrificial importante, pois estava associada ao assassinato de maior culpa, o de um brâmane, um membro da casta mais elevada, a qual também pertencem deuses como o *soma*.[153]

A análise desta palavra é emblemática, pois seu conteúdo, mesmo na esfera ocidental, de formação grega, é completamente revelador.

Na tradição bíblica ocidental, quando José de Arimatéia se apresentou a Pilatos para solicitar o corpo de Jesus e providenciar seu sepultamento, pediu pelo *soma* de Jesus. A palavra representa a ideia de corpo vivo. A questão que se coloca é como pode se enterrar um corpo vivo? No caso, não há importância, pois o corpo estando vivo ou morto, ele sempre representará o *soma* ainda que *nekrós*, morto. Esta constatação configura uma polêmica até mesmo no modo de se pensar a ressuscitação de Cristo.[154]

Na descritiva definição de Mauss e Hubert, o *soma* só é apto ao sacrifício na primavera, não podendo prestar-se senão a uma festa periódica, apesar de ser sacrificado para uma série de finalidades que podem depender ou não dos votos e das ocasiões.

Há uma ambiguidade presente em seu acontecimento, pois enquanto podem ser utilizados a cada primavera, por ocasião da consagração de um rei, para alcançar uma posição social elevada etc., do mesmo modo podem representar ritos de sentido contrário.[155]

De tudo isso, conclui-se que há uma continuidade entre as formas dos sacrifícios, que são ao mesmo tempo muito diversas e semelhantes, apesar de todas apresentarem o mesmo núcleo, o que representa a sua unidade.

O esquema sacrificial e seus elementos ratificam o que aqui perseguimos. Toda ritualística tem a finalidade de se situar numa zona que vai entre a religiosidade e o profano, razão pela qual o esquema sacrificial acaba variando segundo as funções gerais do sacrifício.

---

153 GIRARD, René. *O sacrifício*, São Paulo: É realizações editor, 2011, p. 42-43.

154 Sobre o assunto, Cf. também GIRARD, René. *Eu via Satanás cair como um relâmpago*, São Paulo: Paz e Terra, 2012, p. 155-218.

155 MAUSS, Marcel; HUBERT, Henri. *Sobre o sacrifício*, cit., p. 22.

De plano, pode-se estabelecer que, por mais que existam variações no esquema sacrificial, há a possibilidade de se agrupar um conjunto de ritos sacrificiais prescritos pelo ritual semítico e pelos rituais gregos e latinos, constituindo a matéria comum de que são feitas as formas mais especiais do sacrifício, verificando-se que, mesmo na sua variedade, são sempre os mesmos elementos que nada mais se apresentam como agrupados de outro modo ou desenvolvidos de forma desigual.

Evitando descrições meramente explicativas, no que interessa ao cerne de nosso tema, o importante é compreender que o ritual do sacrifício apresenta realmente duas vias, uma para tornar algo sagrado, uso comum do termo sacrifício mesmo, mas outra, pelo contrário, para dessacralizar, na qual se vê que o caráter eliminado é essencialmente o religioso.

Tomamos como exemplo, para explicar esta questão o sacrifício ao deus Rudra do touro no espeto.

> Rudra é o senhor dos animais, aquele que pode destruí-los, a eles e aos homens, pela peste ou pela febre. É portanto, um deus perigoso. Ora, como deus do gado ele existe no rebanho, ao mesmo tempo que o cerca e ameaça. Para afastá-lo, concentram-no no mais belo dos touros do rebanho. Esse touro torna-se o próprio Rudra, e é enaltecido, sagrado e homenageado como tal. Depois, pelo menos segundo algumas escolas, ele é sacrificado fora da aldeia, à meia noite, num bosque. Dessa maneira, Rudra é eliminado: o Rudra dos animais foi juntar-se ao Rudra dos bosques, dos campos e das encruzilhadas. Assim, é claramente a expulsão de um elemento divino que o sacrifício teve por objeto.[156]

Nesses casos, o que se verifica é que o caráter cuja transmissão se opera pelo sacrifício não vai da vítima ao sacrificante, mas pelo contrário, do sacrificante à vítima, ou seja, é antes de imolação e não depois que se dá o contato.

Por outro lado, esse mesmo esquema também se verifica nos hebreus, em que estando já investido de um caráter religioso, o sacrificante não precisa adquiri-lo, e, aos poucos, a religiosidade com que está marcado vai diminuindo progressivamente desde o começo da cerimônia. Neste caso, há a representação dos mesmos elementos presentes no sacrifício de sacralização, mas orientados em sentido contrário e as respectivas importâncias também são invertidas.

A ideia de expiação é a mais representativa neste caso, a expiação do caráter divino, a profanação, pois o caráter sagrado, por mais alto

---

[156] MAUSS, Marcel; HUBERT, Henri. *Sobre o sacrifício*, cit., p. 60.

que seja, vai do sacrificante à vítima, algo como a ideia de um sacrifício de dessacralização.[157]

A questão é que as coisas e as pessoas podem atingir ou se encontrar num estado tão significante de santidade que chegam a se tornar perigosas e inutilizáveis, de modo que sacrifícios deste tipo se fazem necessários.

Constata-se, exatamente neste ponto, a ordem organizacional, de sentido paradoxal da vida no sacrifício. De maneira geral, o sacrifício pode servir a duas finalidades plenamente contrárias: o processo de adquirir um estado de santidade e o processo de suprimir um estado de pecado.

Neste esquema, o puro e o impuro não são contrários que se excluem, mas, sim, dois aspectos da realidade religiosa, podendo servir tanto para o bem quanto para o mal, pois a vítima pode representar tanto a morte, quanto a vida, a doença e a saúde, o pecado e o mérito.

O sacrifício representa a ambiguidade das próprias forças religiosas, seu acontecimento é o meio de concentração do religioso e sua prática a constatação real de uma forma de construção da vida.

Com isso, podemos agora explicar o porquê de metodologicamente optarmos por uma unidade geral dos sacrifícios, mesmo sendo constatável sua diversidade de formas e gêneros.

No fundo, sob a diversidade de suas formas, assume-se sempre um mesmo procedimento que pode ser empregado para as finalidades mais diferentes, *"esse procedimento consiste em estabelecer uma comunicação entre o mundo sagrado e o mundo profano por intermédio de uma vítima, isto é, de uma coisa destruída durante a cerimônia"*.[158]

Esta relação exprime o sentido relacional do profano com o divino, pois ele aí encontra a fonte da vida, as condições mesmas de sua existência, razão pela qual surge o interesse da aproximação.

A ambiguidade de tudo que está muito impregnado do domínio religioso é, por isso mesmo, retirado do domínio profano. Assim, se explica um caráter particular do sacrifício religioso, pois nele sempre há um ato de abnegação que lhe é mesmo imposto como um dever, pois, às vezes, o sacrifício é exigido pelos deuses e não meramente facultativo.

> O sacrifício se apresenta assim sob um duplo aspecto. É um ato útil e é uma obrigação. O desprendimento mistura-se ao interesse. Eis por que ele foi

---

157 MAUSS, Marcel; HUBERT, Henri. *Sobre o sacrifício*, cit., p. 61.
158 MAUSS, Marcel; HUBERT, Henri. *Sobre o sacrifício*, cit., p. 103.

frequentemente concebido sob a forma de um contrato. No fundo, talvez, não haja sacrifício que não tenha algo de contratual. As duas partes envolvidas trocam seus serviços e cada um tem sua vantagem. Pois os deuses, eles também, têm necessidade dos profanos: se nada fosse reservado da colheita, o deus do trigo morreria; para que Dionísio possa renascer, é preciso que o bode de Dionísio seja sacrificado nas vindimas; é o soma que os homens dão de beber aos deuses que faz a força deste contra os demônios. Para que o sagrado subsista, é preciso dar-lhe sua parte, e é com a parte dos profanos que se faz essa reserva. Essa ambiguidade é inerente à natureza do sacrifício.[159]

Há explicitamente uma função social do sacrifício cumprida enquanto norma social. Essa experiência exprime o inarredável vínculo político- jurídico da ambiguidade que é a própria existência humana e que se exprime durante a história de formas variadas.

Político no sentido de projetar e dar sentido às relações sociais e às formas de organização; e jurídico, pois, como se comprovou, há inarredavelmente em sua existência o elemento obrigacional jurídico e a composição de um contrato.

O contexto é propício para lembrar a tese girardiana do sacrifício no profícuo campo de sua metodologia mimética. Ao se basear também na tradição védica, Girard chega à revelação de que no próprio sacrifício encontra-se um poder paradoxal de reflexão que provoca, em longo prazo, a superação dessa instituição violenta e, no entanto, fundamental para o desenvolvimento da humanidade.[160]

O que Girard nos fornece em complementação é a revelação de não escamotear o dado mais óbvio e pertinente à noção do sacrifício: a violência.

Nas religiões arcaicas, na tradição do pensamento antigo ocidental, e, mesmo na Índia védica, há uma ambiguidade frequente, o esforço para minimizar a sua própria violência, de modo a se organizar no contexto do sacrifício que o assassinato da vítima seja o menos visível diante de todo o acontecimento que o sucede e precede.

A natureza do sacrifício, no fundo, é uma espécie de assassinato. Há uma dissimulação da violência no sacrifício, pois se trata menos de renunciar à violência, diante do fato de nunca se renunciar ao sacrifício, do que enfatizar seu poder de transgressão. Daí a ambiguidade, visto que ao mesmo tempo em que representa um assassinato, também representa uma ação muito santa.

---

159 GIRARD, René. *O sacrifício*, cit., p. 106.
160 GIRARD, René. *O sacrifício*, cit., p. 35.

Por meio de seu método mimético, pode-se explorar o lado das relações de força e poder características do sacrifício e toda ordem das relações sociais desde os primórdios do processo civilizatório.

A concepção das relações de poder se revela na concepção mimética de desejo de Girard que, segundo o próprio autor, é mais próxima dos Brâmanes do que das concepções ocidentais atuais.

Com base nesta tese, o desejo, ao contrário do simples apetite, é um fenômeno social que começa num desejo já existente, o majoritário, por exemplo, ou de um indivíduo que se toma como modelo. Tudo acontece sem ao menos nos darmos conta disso, porque nós o admiramos exatamente porque todo o mundo o admira.

No esquema contratual do sacrifício, verifica-se que este não é um instrumento de paz, mas o catalizador que desencadeia um processo de repetições que gera, progressivamente, tudo o que designamos como nossas instituições sociais e políticas.

> Quanto mais os sacrifícios são repetidos, mais tendem a se tornar o que chamamos de funeral, casamento, ritos de passagem, iniciações de todos os tipos, assim como a realeza e o poder político em geral sempre imbuído de sagrado – em suma, todas as instituições de nossa cultura. Os benefícios que a humanidade retirou dos sacrifícios são, portanto, reais, e somente essa realidade pode explicar o apego que têm para eles os povos sacrificiais. Sem sacrifícios, pode-se pensar, a humanidade teria sucumbido mil vezes ao poder destruidor de sua própria violência durante a maior parte da história e, sobretudo, durante a sua imensa pré-história.[161]

O fundamento da teoria girardiana sobre o sacrifício é encontrado de forma fulcral na figura do bode expiatório.

Segundo o autor, são as rivalidades miméticas que suscitam o bode expiatório no seu paroxismo como vítima única. A execração e a destruição de um pseudoinimigo reconciliam a comunidade, ao preço módico de uma única vítima.

O sacrifício estaria enraizado no mimetismo mais intenso nos homens - de modo seriamente conflituoso - e a relação dominante-dominado, constitutiva das sociedades animais, não pode mais se estabilizar, dado que é nos modelos dos sacrifícios – e nas instituições que resultam disso –, que começa a sociedade especificamente humana.

---

161 GIRARD, René. *O sacrifício*, cit., p. 68-69.

Essa tese se coaduna com a aposta deste trabalho que objetiva o início dos primórdios da civilização – ainda no ambiente da pré-civilização – nas primeiras relações sociais feitas com base na troca, na matriz originária da *obligatio*.

Com o que até aqui desenvolvemos, verifica-se que a transposição desta matriz ganha nuances interessantes a partir do bando e outras consequentes formas de manifestação social que dão sentido e projetam a vida, como o *homo sacer*, o sacrifício e o bode expiatório, e, na sequência, como será demonstrado, na própria formação do estado. Todas instituições que foram criadas num ambiente de ambiguidade das relações de força e dominação.

A sacralização de uma violência reconciliadora é o tema que encontra guarida nas religiões orientais e ocidentais. Girard, por fim, entende que, no paroxismo da crise que se cria com seus argumentos, o mito sacrificial, acontecido no sentido mais amplo e que mais projetou o desenvolvimento social ocidental, é a morte de Jesus, que é acusado, como Édipo e como todos os heróis míticos, de um crime imperdoável. Este crime seria o de pensar que é o próprio Deus, o que resulta, portanto, em sua crucificação e final divinização.[162]

Nas trilhas da metodologia do mimetismo, Jesus, mesmo em sua crucificação, torna-se um bode expiatório, no sentido preciso da expressão.

A ideia de uma solidão extrema de Jesus é bem representada na impressão absoluta dele, como vítima, ter sido rejeitada por Deus, fato que gera o famoso brado: "Meu Deus, meu Deus, por que me abandonaste?"

Fica claro que o bode expiatório tem algo de paradoxal, pois é um princípio de ilusão cuja eficácia exige uma ignorância completa a seu respeito. Em outras palavras, não se sabe que se tem um bode expiatório entre todos, pois quando este se revela e se designa como tal, perde toda a eficácia.

Na continuidade, o tema que arremata a projeção das relações de força e dominação é formação do Estado Moderno que traz também, em si, um complexo engendrado de violência e direito.

---

162 GIRARD, René. *O sacrifício*, cit., p. 96.

5. DIREITO E ESTADO (CRÍTICA A TEORIA DO CONTRATO NATURAL)

De forma muito parelha a tudo que desenvolvemos, Nietzsche identifica na relação entre a (pré)história da memória e a gênese da sociedade tribal a aparência consequente do Estado. Nesse sentido, essa relação não pode ser conduzida de acordo com a suposição do modelo contratualista, pacificador, fundado na racionalidade de um pacto originário.

A crítica ao contratualismo nesses termos é ferrenha em Nietzsche. Ele demonstra que, ao se aceitar tal modelo hipotético de formação do Estado, está-se renegando o próprio sentido da gênese da humanidade. Justamente nesse ponto, em especial, não se pode deixar de reconhecer os mais recuados tempos da humanidade sob o sério equívoco de se furtar a humanidade de sua própria origem e, desde logo, criar ficções derivadas de um equívoco originário.

> Utilizei a palavra "Estado": está claro a que me refiro – algum bando de bestas louras, uma raça de conquistadores e senhores, que, organizada guerreiramente e com força para organizar, sem hesitação lança suas garras terríveis sobre uma população talvez imensamente superior em número, mas ainda informe e nômade. Deste modo começa a existir o "Estado" na terra: penso haver-se acabado aquele sentimentalismo que o fazia começar com um "contrato". Quem pode dar ordens, quem por natureza é "senhor", quem é violento em atos e gestos – que tem a ver com contratos[163].

Os rudimentos do Estado estão presentes no processo de humanização e são encontrados desde a (pré)história da humanidade.

---

[163] NIETZSCHE, Friedrich Wilhelm. *Genealogia do* moral, cit., Segunda Dissertação, § 17, p. 75.

Do mesmo modo como a criação da instância psíquica da consciência moral é um processo conduzido inteiramente pela violência e pela crueldade ritualizadas em práticas penais, ajustadas ao cenário jurídico da *obligatio*, analogamente se passa com os rudimentos do Estado. Este não tem origem nos desígnios da Providência, nos propósitos da natureza, nem nas astúcias da razão, mas no conflito e na usurpação. Nada mais adverso à perspectiva de Nietzsche do que a teoria jus- naturalista clássica, paradigmaticamente representada por Hugo Grotius - mas com reverberação ainda em Rousseau e Kant - que fundamenta a instituição da sociedade e do Estado numa disposição simultaneamente racional e social da natureza humana. [...] Para uma filosofia centrada na noção de vontade de poder, não é pelo *medium* pacificador de um contrato social fundante, nem como resultado de um progresso natural ou lógico da espécie humana, que se institui o Estado, mas sim a partir das relações de domínio. Em *Para a genealogia da moral*, 'o Estado' é pensado como um aparato de instituições e procedimentos coercitivos, cuja função consiste em dar forma e ordenação social ao caos pulsional do semi-animal 'homem', ajustando esse rebelde potencial à 'camisa de força da sociedade e da paz'. A obra do Estado consiste, pois, na criação da sociedade, transcendendo o círculo mais restrito das famílias e das tribos, mediante a coerção e a violência, para promover a elevação de uma natureza bárbara: a transfiguração do animal instintivo em *zoon* politikon[164]

No que concerne à condição da formação do Estado a partir de relações de domínio, e não de acordo com um meio pacificador formulado na esteira de um contrato social fundante, Nietzsche já antecipava esse sentido em uma obra anterior que prenuncia *Para genealogia da moral*.

No conhecido aforismo de número 257 de *Para além de bem e mal*, Nietzsche antecipa sua narrativa sobre a gênese do Estado apresentada em *Para a genealogia da moral*. Com efeito, notar-se-á que o aforismo se refere à condição em que homem chega pela obra de uma sociedade aristocrática originada e desenvolvida por atos de violência e dominação.

> Toda elevação do tipo "homem" foi, até o momento, obra de uma sociedade aristocrática – e assim será sempre: de uma sociedade que acredita numa longa escala de hierarquias e diferenças de valor entre um e outro homem, e que necessita da escravidão em algum sentido. [...] É certo que não devemos nos entregar a ilusões humanitárias, no tocante às origens de uma sociedade aristocrática (ou seja, do pressuposto dessa elevação do tipo "homem"): pois a verdade é dura. Digamos, sem meias palavras, de que modo *começou* na Terra toda sociedade superior! Homens de uma natureza ainda natural, bárbaros em toda terrível acepção da palavra, homens de rapina, ainda possuidores de energias de vontade e ânsias de poder intactas, arremeteram sobre raças mais fracas, mais polidas, mais pacíficas, raças comerciantes ou

---

164 GIACOIA JUNIOR, Oswaldo. *Nietzsche e a genealogia do direito*, cit., p. 31-32.

pastoras, talvez, ou sobre culturas antigas e murchas, nas quais a derradeira vitalidade ainda brilha em reluzentes artifícios de espírito e corrupção[165][163].

Retomando, na base etnológica de Nietzsche, encontra-se a vitalidade de seus argumentos na sustentação de sociedades tribais e nas relações de dominação. Como afirmado anteriormente, a referência a Post no pensamento de Nietzsche é fundamental, pois ele reconhece nos modelos de organização gentílica, comunidades na forma de *gens* e tribos como as formas de organização comunitária que deram origem aos primeiros ordenamentos sociais. Ou seja, a constatação de Nietzsche é de que, antes da instituição do Estado, existiam formas primevas de comunidades organizadas num primeiro momento para sua organização interna e guerra externa e que caracterizavam em geral as organizações sociais dos tempos (pré)históricos.

Esse argumento, de se resgatar nas sociedades tribais a gênese dos sentimentos de responsabilidade e obrigação, insere definitivamente a polêmica existente em *Para a genealogia da moral* no sentido de desconstruir a tese do pacto social como fundamento da sociedade organizada e do Estado. A investigação etnológica de Nietzsche reconhece nas formações sociais primevas o surgimento das ideias de contratos, de responsabilidade social e de sujeitos de direito, atacando qualquer entendimento da teoria do pacto social.

Há associada a sua concepção sobre origem da justiça, concomitantemente com essa questão, uma abordagem a respeito da instituição do bando no arcaico direito germânico, demonstrando uma transposição posterior da matriz de direito obrigacional de débito e crédito para o plano das comunidades e nas relações entres seus indivíduos.

O banimento nessas comunidades corresponde a um desligamento, uma privação total, uma expulsão da comunidade. A perda da paz e o descumprimento da lei expõem o condenado à mercê da violência e do arbítrio de indivíduos ou de grupos.

> A comunidade, o credor traído, exigirá pagamento, pode-se ter certeza. O dano imediato é o que menos importa no caso: ainda sem considerar esse dano, o criminoso é sobretudo um "infrator", alguém que quebra a palavra e o contrato com o todo, no tocante aos benefícios e comodidades da vida em comum, dos quais até então ele participava. O criminoso é um devedor que não só paga os proveitos e adiantamentos que lhe foram concedidos, como inclusive atenta contra seu credor: daí ele não será apenas privado

---

165 NIETZSCHE, Friedrich Wilhelm. *Além do bem e do mal*, cit., § 257, p.153.

de todos esses benefícios e vantagens, como é justo – doravante lhe será lembrado o *quanto valem esses benefícios*[166].

O indivíduo banido da comunidade passa a ser odiado como um inimigo, tal castigo é uma reprodução do castigo dado ao inimigo. Esse fato denota a mentalidade primeva no reconhecimento de suas leis e dos vínculos jurídicos que regem sua comunidade e ressalta ainda mais a importância do reconhecimento dos sentimentos de responsabilidade e obrigação.

No deslinde dessa argumentação, Nietzsche também trata do caráter mítico-religioso que ocupava a mentalidade destes povos e comprova que ele faz parte da mesma matriz obrigacional de débito e crédito. É, inclusive, com base nessa noção que haverá origem das primeiras formas de religiosidade, que têm parte fundamental na organização social das sociedades tribais.

Para Nietzsche, os principais conceitos e as fundamentais estimações morais de valores são derivadas da concepção originária do ambiente jurídico de débito e crédito, ao ponto de verificar a partir da polissemia da palavra culpa, em alemão, *Schuld* - que significa ao mesmo tempo dívida e culpa -, que a noção moral de culpa é uma espiritualização do sentimento jurídico de ter dívidas[167].

> Ao lado de pensar a gênese da civilização, e com ela do Estado, a partir da interiorização e espiritualização da crueldade, e com apoio em categorias jurídicas tanto de direito penal, como os castigos, como do direito pessoal como a *obligatio,* deve-se destacar seu esforço em prol de uma *história natural do dever e do direito*. Parte importante de seu método genealógico, ela permite uma concepção de direitos e deveres ligada a relações de poder e sujeição, recolocando em novos termos a equação entre direito e força[168].

Nietzsche reinsere no contexto organizacional das comunidades a herança que foi legada à humanidade da necessária noção de cômputo e equilíbrio na instituição e reconhecimento de diréitos e obrigações. Ele explora a noção de retribuição de maneira profunda, desvelando o quanto ela foi predominante nas relações das sociedades gentílicas.

Em *Aurora*, no aforismo de número 112 - que concerne ao tema central da discussão que se insere com a proposta do trabalho - denominado por Nietzsche como *Contribuição à história natural do dever e do direito* – resta

---

166 NIETZSCHE, Friedrich Wilhelm. *Genealogia da moral*, cit., Segunda Dissertação, § 9, p. 60-61.

167 GIACOIA JUNIOR, Oswaldo. *Nietzsche e a genealogia do direito*, cit., p. 35.

168 GIACOIA JUNIOR, Oswaldo. *Nietzsche e a genealogia do direito*, cit., p. 35-36.

claro o modo como ele reinsere a questão da retribuição e demonstra que a relação entre direito e dever é mediada pelo conceito de poder.

> Nossos deveres - são os direitos de outro sobre nós. De que modo eles os adquiriram? Considerando-nos capazes de fazer contrato e dar retribuição, tomando-nos por iguais e similares a eles, e assim nos confiando algo, nos educando, repreendendo, apoiando. Nós cumprimos nosso dever – isto é: justificamos a ideia de nosso poder que nos valeu tudo o que nos foi dado, devolvemos na medida em que nos concederam[169].

O elemento fundante dessa análise é que, na equivalência existente entre direito e poder, o dever e o poder não se fundam em elementos naturais, mas na crença, na representação daquilo que se acredita estar em poder de alguém. Na verdade, Nietzsche lança uma interpretação psicológica da relação direito e poder que existe desde os primórdios do sentido originário do direito.

Para Nietzsche, *"Os direitos dos outros podem se referir apenas ao que está em nosso poder; não seria razoável, se eles quisessem de nós algo que não nos pertence. Colocado de modo mais preciso: apenas ao que eles acreditam estar em nosso poder, pressupondo que seja o mesmo que acreditamos estar em nosso poder"*[170].

Por certo que tal crença se mantem no respectivo grau de poder daqueles que estão se relacionando, especificamente na capacidade mútua de exercerem retribuição. Nesse sentido, pode-se afirmar que os direitos se originam de pactos. "Assim nascem os direitos: graus de poder reconhecidos e assegurados. Se as relações de poder mudam substancialmente, direitos desaparecem e surgem outros – é o que mostra o direito dos povos em seu constante desaparecer e surgir"[171].

> Por isso, se nosso poder se debilita, extinguem nossos direitos, e se nos tornamos super-poderosos, os outros deixam de ter direito sobre nós, tal como reconhecíamos nós mesmos a eles tais direitos. Desse modo, a esfera normativa do direito não suprime o conflito efetivo ou latente, nem a

---

169 NIETZSCHE, Friedrich Wilhelm. *Aurora: reflexão sobre os preconceitos morais*, Trad.: Paulo César de Souza, São Paulo: Companhia das letras, 2004, § 112, p. 82.

170 NIETZSCHE, Friedrich Wilhelm. *Aurora: reflexão sobre os preconceitos morais*, Trad.: Paulo César de Souza, São Paulo: Companhia das letras, 2004, § 112, p. 82.

171 NIETZSCHE, Friedrich Wilhelm. *Aurora: reflexão sobre os preconceitos morais*, cit., § 112, p. 83.

violência real ou virtual presente nas relações de domínio. Pelo contrário, ela as pressupõe, estabelece seus limites, como seu plano de regramento[172].

No desvelamento daquilo que aqui se está a considerar como uma hipótese interpretativa psicológica e existencial de direitos, para Nietzsche, essa existência só é possível no reconhecimento do equilíbrio entre variadas formas de correlação de forças e não se efetiva pela simples validade objetiva da lei, tampouco pelo consenso. Essa relação do direito, originária em pactos, refere-se ao sentido argumentativo até então exposto, *"pactos são rituais que põem fim temporariamente a um conflito que permanece latente"*[171].

Por tudo isso que é a estrutura do *bando* é a que deve ser reconhecida nas relações políticas e nos espaços públicos, mesmo nos que ainda vivemos, pois *"mais íntimo que toda interioridade e mais externo que toda a estraneidade é, na cidade, o banimento da vida sacra.*[173]

---

[172] GIACOIA JUNIOR, Oswaldo. *Nietzsche e a genealogia do direito*, cit., p. 37.
[173] AGAMBEN, Giorgio. *Homo sacer: o poder soberano e a vida nua I*, cit., p. 117

6. DIREITO E BIOPOLÍTICA

Desde o início do livro, com mais ênfase no segundo capítulo, a constituição e determinação da sociedade a partir de relações de dominação e poder foi discutida desde as formas mais rudimentares de organização social até o Estado Moderno. Cabe agora pensar em facetas de seu desenvolvimento na modernidade.

Uma faceta original, sem sombra de dúvidas, pode ser encontrada no pensamento de Michel Foucault, para quem, na sociedade moderna, múltiplas relações de poder constituem o corpo social, que se forma a partir de sua indissociabilidade com o funcionamento de um discurso de verdade e, por mais que isto seja real em qualquer sociedade, o autor aposta que a moderna relação entre poder, direito e verdade se organize de uma maneira muito particular.[174]

No Rio de Janeiro, em 1974, em palestra intitulada "O nascimento da medicina social" Foucault lançou mão, pela primeira vez, do termo biopolítica. Seu intuito não era discutir o que de fato veio a ser a "biopolítica", mas discutir como o capitalismo teria acarretado uma socialização do corpo e não como poderia se pensar, uma privatização da medicina.

Ao se ampliar o contexto da palavra biopolítica para biopoder, surge uma interessante diferenciação entre o biopoder e poder de soberania ao qual ele sucede historicamente, insistindo-se, sobretudo, na relação

---

[174] Segundo o autor "en una sociedad como la nuestra [...] múltiples relaciones de poder atraviesan, caracterizan, constituyen el cuerpo social; no pueden disociarse, ni establecerse, ni funcionar sin una producción, una acumulación, una circulación, un funcionamiento del discurso verdadero. No hay ejercicio de poder sin cierta economía de los discursos de verdad que funcionan en, a partir y a través de ese poder. El poder nos somete a la producción de la verdad y sólo podemos ejercer el poder por la producción de la verdad. Eso es válido en cualquier sociedad, pero creo que en la nuestra esa relación entre poder, derecho y verdad se organiza de una manera muy particular". FOUCAULT, Michel. *Defender la sociedad,* Buenos Aires: Fondo de Cultura Económica, 2001, p. 34.

distinta que é mantida entre este com a vida e a morte, pois enquanto o último *faz morrer e deixa viver*, o biopoder *faz viver e deixa morrer.*[175]

O conceito de biopoder é extremamente significante para situarmos nossa proposta. A noção do "fazer viver" de Foucault - característica do biopoder -, reveste-se de suas formas principais, a saber, a disciplina e a biopolítica. A explicação delas é bem acertada na proposta de Pelbart que nos indica a importância de sua diferenciação.

A ideia de disciplina foi primeiramente analisada por Foucault já na obra *Vigiar e punir*, e pode ser encontrada no séc. XVII, surgindo nas escolas, hospitais, fábricas etc., resultando no processo de docilização e disciplinarização do corpo. Com o adestramento do corpo, a otimização de suas forças e sua integração em sistemas de controle, as disciplinas o concebem como uma máquina ou um corpo-máquina, sujeito, assim, a uma anátomo-política. Já a biopolítica, enquanto segunda forma, surgiu no século XVIII e mobiliza outra meta estratégica que seria a gestão da vida incidindo já não sobre os indivíduos, mas sobre a população enquanto população, enquanto espécie, não se centrando mais somente no corpo-máquina, mas no corpo-espécie, algo como o corpo atravessado pela mecânica do vivente, os nascimentos e a mortalidade, a proliferação, a saúde e longevidade.[176]

Essa tese foucaultiana tem um forte apelo, ou, ao menos, pode-se buscar antes dela para a discussão do tema em tom de apoio reflexivo, a proposta nietzschiana que analisa a tarefa colossal da época moderna, cujo caráter predominante é o técnico-científico, de fazer o homem utilizável e aproximá-lo o quanto for possível de uma máquina infalível.[177]

---

175 A ampliação do termo biopolítica num contexto mais amplo acontece, como indica Peter Pál Pelbert, dois anos depois, em que se pode reencontrar a mesma expressão tanto no ultimo capítulo de *A vontade de saber*, intitulado "Direito de morte e poder sobre a vida", publicado em 1976, como na aula ministrada no Collège de France em março do mesmo ano, publicada posteriormente como *Em defesa da sociedade*. Cf. PELBART, Peter Pál. *Vida capital: ensaios de biopolítica*, São Paulo: Iluminuras, 2009, p. 55.

176 PELBART, Peter Pál. *Vida capital*, cit., p. 57.

177 Segundo Oswaldo Giacoia Junior, "esse sentido metafórico do corpo-mente-máquina constitui, a meu ver, uma das mais produtivas chaves interpretativas para compreender o sentido mais autêntico da problemática tese nietzscheana, de acordo com a qual, a despeito do irresistível predomínio do ideal democrático, a escravização permanece incrustada no seio da civilização moderna, como o abutre

Tal tema é recorrente e extremamente atual, pois, hodiernamente as discussões de manipulações genéticas sobre o corpo humano - a moderna fabricação de corpos -, seja corpo-máquina, mas, em especial, corpo-espécie, dizem especificamente respeito à inevitabilidade das relações de poder, principalmente na inevitabilidade de se assumir a tarefa do domesticador ou mesmo do criador seletivo por amansamento e domesticação.[178]

O resultado aparente deste processo pode ser pensado pelo acontecimento das atuais pesquisas biotécnicas com embriões e genoma[179], sendo evidente que o biopoder, nesta faceta, passa a incluir em sua forma de "produções de homens" a tarefa da intervenção eugênica.

> Esses termos deixam entrever, com rude evidência, o fulcro interesse da questão formulada: não teria, enfim, soado a hora em que o biopoder tivesse de incluir entre as metas estratégicas da "produção de homens" também a tarefa de intervenção eugênica no patrimônio genético da espécie, colocando em nova chance e em novo patamar de autodeterminação a antiga e tensa alternativa biopolítica entre seleção e amansamento? As atuais pesquisa biotécnicas com embriões e genoma não preconizam justamente a intervenção positiva, no sentido de uma produção tecnológica da vida, para além dos limites restritivos, determinados pelos interesse terapêutico de identificar, prevenir e/ou tratar convenientemente enfermidades geneticamente causadas, afetando indivíduos e populações?[180]

Todo este processo centra no corpo um objeto disponível à apropriação da curiosidade científica e que tem como delimitador organizacional o direito, em especial no ponto em que hoje está centrado em discutir a temática dos direitos humanos.

---

a dilacerar o fígado de prometeu". GIACOIA JUNIOR, Oswaldo. *Sonhos e pesadelos da razão esclarecida: Nietzsche e a modernidade*, Passo Fundo: PUF, 2005, p. 189-190. Não é à toa que Foucault, no quadro geral da biopolítica e do biopoder, renova a reflexão sobre o racismo.

178 Num perfil filosófico extremamente interessante, sobre o tema, Cf. BLUMEMBERG, Hans. "Imitação da natureza": contribuição à pré-história da ideia do homem criador in *Mímesis e a reflexão contemporânea,* Rio de Janeiro: Ed. UERJ, 2010, p. 87-189.

179 Sobre o assunto é interessante para a discussão a análise de Habermas, Cf. HABERMAS, Jürgen. *O futuro da natureza humana: a caminho de uma Eugenia liberal?* São Paulo: Martins Fontes, 2004, p. 84-91.

180 GIACOIA JUNIOR, Oswaldo. *Corpos em fabricação*. Natureza Humana 5(1): 175-202, jan.-jun. 2003, p. 187.

Roberto Esposito verifica que este é precisamente o objeto da biopolítica, ao afirmar que qualquer perspectiva que se tome – que vá além da linguagem comum -, no ambiente da discussão da biopolítica, envolve o direito e a política, arrastando-os para uma dimensão que está fora de seus aparatos conceituais tradicionais. Este algo seria exatamente o objetivo da biopolítica.[181]

A ideia de uma teoria política do direito está aí, na indissociabilidade da política e do direito que, na reflexividade filosófica, são arrastados para fomentar a discussão sobre conjecturas de superação das formas jurídicas. O estreitamento desta via é encontrado, propriamente dizendo, na relação entre direito e violência.

No contexto desta reflexão, levando em conta a projeção do desenvolvimento social e a constituição do bando desde os tempos primevos, resta agora explorar a constatação de como na situação do biopoder, a vida e o Estado ganham formas específicas - jurídicas - relacionadas ao bando, além da própria noção da *sacratio* – na qual se encontram todos os homens.

6.1.0 APÁTRIDA

No século XX, verifica-se a crise permanente daquilo que foi a configuração do Estado-Nação. As conjunturas históricas, a precariedade, e mesmo a diletância e abstração da noção de direitos dos homens rompeu com o vínculo entre homem e cidadão.

Exemplo característico desta situação são os fenômenos de multiplicação de minorias que, por meio de tratados de paz, terminam com a primeira guerra mundial. A antiga Iugoslávia, a Tchecoslováquia, os servos e croatas, acabaram assumindo funções da soberania política. Ocorre que tais minorias acabaram tendo a necessidade de uma autoridade externa para assegurar seus direitos, pois passou a caber a outros segmentos étnicos dessas populações a característica de serem minorias regidas por regramentos especiais, tutelados, no caso pela Organização das Nações Unidas.[182]

---

181 ESPOSITO, Roberto. *Bíos: biopolitcs and philosophy*, cit., p. 14.

182 GIACOIA JUNIOR, Oswaldo. *Sobre direitos humanos na era da bio-política* in Kriterion, Belo Horizonte, n. 118, Dez./2008, p. 278.

Esse fenômeno típico das comunidades europeias[183] configurou a existência jurídica problemática de pessoas que não eram integradas nacionalmente numa comunidade política e, dessa forma, encontravam-se em condição precária quanto à proteção legal e normativa.

Essa situação, em si, é paradoxal ao conceito buscado pelos modernos Estado-Nação, pois ao invés de buscar a proteção e a sinonímia ente o homem e o cidadão, revelou nada menos do que a incapacidade de se proteger legalmente indivíduos de origem nacional diversa.

Atualmente, a essas minorias podemos somar também os ciganos e os apátridas, sendo que esses últimos serão objeto específico para encetar a reflexão pretendida e cuja ocorrência maciça se deu mais nos anos que precederam a segunda guerra mundial e se intensificaram ainda mais quando de sua ocorrência, e mesmo após seu término.

Os apátridas representavam agrupamentos humanos que não dispunham de nenhum estado nacional, em razão da perda da cidadania original, decorrente de algum transtorno político ou alguma revolução. A acentuação desse fenômeno foi agravado, sobremaneira, pela agressiva e contingente desnacionalização de judeus, alemães, ciganos e armênios pelas autoridades nazistas num obliterado regime de exceção que durou mais de uma década.

Hannah Arendt analisou de forma pontual esse fenômeno em seus estudos sobre a formação dos estados totalitários e o declínio do Estado-nação, escolhendo justamente a figura dos apátridas - *displaced persons*[184] - como a figura identificativa deste declínio.

---

183 Cf. sobre o assunto, envolvendo análise de pesquisadores europeus de situações na Alemanha, Noruega, Irlanda do Norte, Grécia, Inglaterra e outros países, TURTON, David; GONZALES, Julia. *Identidades culturales y minorías etnicas en Europa*, Bilbao: Universidad de Deusto, 2001.

184 Segundo Arendt: "até a terminologia aplicada ao apátrida deteriorou-se. A expressão "povos sem Estado" pelo menos reconhecia o fato de que essas pessoas haviam perdido a proteção do seu governo e tinham necessidade de acordos internacionais que salvaguardassem a sua condição legal. A expressão *displaced persons* [pessoas deslocadas] foi inventada durante a guerra com a utilidade única de liquidar o problema dos apátridas de uma vez por todas, por meio do simplório expediente de ignorar a sua existência. O não-reconhecimento de que uma pessoa pudesse ser "sem Estado" levava as autoridades, quaisquer que fossem, à tentativa de repatriá-la, isto é, de deportá-la para o seu país origem, mesmo que este se recusasse a reconhecer o repatriado em perspectiva como cidadão ou, pelo contrário, desejasse o seu retorno apenas para puni-lo. Como os países não-totalitários, a des-

Essas pessoas desnacionalizadas e desterradas demonstravam exatamente o paradoxo do direito. A faceta dos direitos humanos e o paradoxo causado pela sua utilização gera a possibilidade de uma reflexão profunda, pois resta claro que sua articulação é condicionada historicamente pelo processo técnico-científico configurador da sociedade burguesa como uma sociedade de massas e com ela se escancara a condição volátil de seres humanos despossuídos das qualidades e proteções básicas do gênero humano.

É nessa linha que Arendt discute liberdade, emancipação e soberania popular. Segundo seu posicionamento, a verdadeira liberdade, emancipação e soberania popular só poderiam ser alcançadas por meio de uma completa emancipação nacional, e os povos privados do seu próprio governo nacional se encontrariam na paradoxal situação de ficarem sem a possibilidade de usufruir de seus direitos.[185]

> Os Direitos do Homem, afinal, haviam sido definidos como "inalienáveis" porque se supunha serem independentes de todos os governos; mas sucedia que, no momento em que seres humanos deixavam de ter um governo próprio, não restava nenhuma autoridade para protegê-los e nenhuma instituição disposta a garanti-los.[186]

A questão é que estas pessoas estavam desprovidas de um estatuto político definido, desprovidos da proteção de comunidades jurídico- políticas nacionais e ainda privados dos chamados direitos humanos universais. Tal situação, evidentemente, revela as raízes históricas deficitárias dos direitos humanos em relação ao seu conteúdo e efetividade.

Essas manifestações claras de ineficácia dos direitos humanos, integradas na crescente implicação da vida natural do homem nos mecanismos e cálculos do poder, têm como marco inicial justamente as declarações de direitos.

---

peito do clima de guerra, geralmente têm evitado repatriações em massa, o número de pessoas sem Estado era substancialmente elevado — ainda doze anos após o fim da guerra. A decisão dos estadistas de resolver o problema do apátrida ignorando-o é revelada ainda pela falta de quaisquer estatísticas dignas de confiança sobre o assunto. Contudo, sabe-se pelo menos que, enquanto existia 1 milhão de apátridas." ARENDT, Hannah. O declínio do estado nação e o fim dos direitos do homem in *Origens do totalitarismo: anti-semitismo, imperialismo e totalitarismo*, Trad.: Roberto Raposo, São Paulo: Companhia das Letras, 1989, p. 313.

185 ARENDT, Hannah. *Origens do totalitarismo,* cit., p. 305.

186 ARENDT, Hannah. *Origens do totalitarismo*, cit., p. 325.

Precisamente, os direitos - seja individuais ou coletivos - presumem um direito fundamental ao qual estão ligados, a saber, a cidadania, que pelo exposto, em sua primazia, emergiu sob a forma negativa da perda de uma comunidade política por refugiados e apátridas.

Este não pertencimento identifica a falácia do que foi conclamado como direitos humanos. As temáticas despatriamento e naturalização guardavam uma relação inversamente proporcional. O fenômeno da naturalização acabava estabelecendo nessa época uma condição de privação de certos direitos civis, o que não tornava distante as pessoas da condição de apátridas.

> [...] é difícil saber o que ocorreu primeiro, se a relutância dos Estados nações em naturalizar os refugiados (com a chegada destes, a prática de naturalização tornou-se cada vez mais limitada e a prática da desnaturalização cada vez mais comum), ou a relutância dos refugiados em aceitar outra cidadania. Em países com populações minoritárias, como a Polônia, os refugiados russos e ucranianos tinham uma clara tendência de se incorporarem às minorias russa e ucraniana sem, contudo, exigirem cidadania polonesa.[187]

Fica claro que os apátridas representam a figura prototípica - juntamente com os demais que na condição como a dele se encontravam, como as minorias étnicas - do abandonado, do sintagma paradoxal incluído/excluído.

Isto é reforçado, pois a própria condição de criminoso era melhor que a de um apátrida, já que, nesta condição, é que se tornava possível a recuperação de certa igualdade humana.

Quando um apátrida cometia um crime, passava a ser tratado como um criminoso qualquer, passando a possuir direito ao devido processo legal e, até mesmo de reclamar contra abusos que pudesse sofrer na prisão, ou seja, "*só como transgressor da lei pode o apátrida ser protegido pela lei*".[188]

> [...] O mesmo homem que ontem estava na prisão devido à sua mera presença no mundo, que não tinha quaisquer direitos e vivia sob ameaça de deportação, ou era enviado sem sentença e sem julgamento para algum tipo de internação por haver tentado trabalhar e ganhar a vida, pode tornar-se quase um cidadão completo graças a um pequeno roubo. Mesmo que não tenha um vintém, pode agora conseguir advogado, queixar-se contra os carcereiros e ser ouvido com respeito. Já não é o refugo da terra:

---

187 ARENDT, Hannah. *Origens do totalitarismo*, cit., p. 306.

188 ARENDT, Hannah. *Origens do totalitarismo*, cit., p. 320.

é suficientemente importante para ser informado de todos os detalhes da lei sob a qual será julgado. Ele torna-se pessoa respeitável.[189]

Além dessa forma, Arendt afirma que outro modo, menos seguro e muito mais difícil, de passar de anomalia não reconhecida à posição de exceção reconhecida seria se destacar como gênio, pois assim como a lei só conhece uma diferença entre seres humanos: a diferença ente o não criminoso normal e o criminoso anômalo, também a sociedade, conformista, reconhece apenas uma fora de individualismo determinado, o gênio.[190]

O gênio, na sociedade burguesa europeia, era algo que permanecia além das leis humanas, uma espécie de monstro cuja principal função social fosse criar excitamento e de nada importava se fosse um fora da lei.

> A perda da cidadania privava não apenas a pessoa de proteção, mas também de qualquer identidade e seu problemas só estava resolvido quando conseguia aquele grau de distinção que separa o homem da multidão gigantesca e anônima. Somente a fama podia vir a atender a repetida queixa dos refugiados de todas as camadas sociais de que "ninguém aqui sabe quem eu sou"; e a verdade é que as chances de um refugiado famoso aumentam, da mesma forma que um cachorro perdido com pedigree sobrevive mais facilmente que um outro cachorro perdido, que é apenas um cão como os demais.[191]

Os apátridas ilustram o sentido prático da situação paradoxal do a(bando)nado e a experiência dessa situação pode ser ainda mais aprofundada na contemporaneidade, atingindo facetas obscuras no desnudamento da vida e que mostram um paradigma de forma de vida do nosso tempo.. Sobre isso de dedica o tópico seguinte.

---

[189] ARENDT, Hannah. *Origens do totalitarismo*, cit., p. 321.

[190] ARENDT, Hannah. *Origens do totalitarismo*, cit., p. 321

[191] ARENDT, Hannah. *Origens do totalitarismo*, cit., p. 321.

6.2. A EXPERIÊNCIA DOS CAMPOS DE CONCENTRAÇÃO: O *MUSELMAN* E A ÉTICA DA VERGONHA

Agamben com estofo no pensamento de Hannah Arendt, de forma radical, no ambiente da sua tese da vida como *zoé* e *bíos*, aponta para uma forma radical de ocorrência do paradoxo que estamos perseguindo.

Nas pistas de Arendt, Agamben afirma que historicamente todo princípio da soberania reside essencialmente na ideia de nação, de modo que nenhum corpo ou indivíduo pode exercer uma autoridade que não emane expressamente dela. E são as declarações de direitos o ponto de passagem da forma clássica da soberania de origem divina à nova figura histórica da soberania que corresponde à imagem dos modernos estados democráticos de direito.[192]

> As declarações dos direitos devem então ser vistas como o local em que se efetua a passagem da soberania régia de origem divina à soberania nacional. Elas asseguram a *exceptio* da vida na nova ordem estatal que deverá suceder à derrocada do *ancien régime*. Que, através delas, o "súdito" se transforme, como foi observado, em "cidadão", significa que o nascimento – isto é, a vida nua natural como tal – torna-se aqui pela primeira vez (com uma transformação cujas consequências biopolíticas somente hoje podemos começar a mensurar) o portador imediato da soberania. O princípio da nativadade e o princípio da soberania, separados no antigo regime (onde o nascimento dava lugar somente ao *sujet*, ao súdito), unem-se agora irrevogavelmente no corpo do "sujeito soberano" para constituir o fundamento do novo Estado-nação. Não é possível compreender o desenvolvimento e a vocação "nacional" e biopolítica do Estado moderno nos séculos XIX e XX, se esquecermos que em seu fundamento não está o homem como sujeito político livre e consciente, mas, antes de tudo, a sua vida nua, o simples nascimento que, na passagem de súdito ao cidadão, é investido como tal pelo princípio da soberania. A ficção aqui implícita é a de que o *nascimento* torna-se imediatamente *nação*, de modo que entre os dois termos não possa haver resíduo algum. Os direitos são atribuídos ao homem (ou brotam dele), somente na medida em que ele é o fundamento, imediatamente dissipante (e que, aliás, não deve nunca vir à luz como tal), do cidadão.[193]

Em sua obra-projeto, Agamben, ao se referir ao *Estado de Exceção*, esclarece na obra *Homo Sacer*, o estatuto paradoxal do campo de con-

---

[192] AGAMBEN, Giorgio. *Homo sacer: o poder soberano e a vida nua I*, cit., p. 134-135.
[193] AGAMBEN, Giorgio. *Homo sacer: o poder soberano e a vida nua I*, cit., p. 125.

centração enquanto espaço de exceção, pois este consiste em nada menos do que um pedaço de território que é colocado fora do ordenamento jurídico normal, mas não é por causa disso que torna-se meramente um espaço externo.[194]

Esta dimensão da politização da vida é tão profunda que uma das teses principais de sua obra é exatamente a de que *"o campo, e não a cidade, é o paradigma biopolítico do Ocidente"*.[195]

Esse movimento interno/externo demonstra o quanto - na medida em que seus habitantes foram despojados de todo o estatuto político e reduzidos integralmente a vida nua - o campo é também, em termos paradigmáticos, o mais absoluto espaço biopolítico, pois nele o poder não tem diante de si senão a pura vida sem qualquer mediação.

Daí a afirmação do autor de que o campo é o próprio paradigma do espaço político no ponto em que a política torna-se biopolítica e o *homo sacer* confunde-se virtualmente com o cidadão.[196]

A experiência dos campos de concentração é avassaladora, superando o conceito de crime de tal forma e com tamanha proporção que a própria estrutura jurídico-política na qual eles se produziram parece ser desconsiderada atualmente.

Os campos de concentração foram os lugares onde se realizou, nos dizeres de Agamben, a mais absoluta *conditio inhumana*[196] que se tem conhecimento sobre a terra, sendo isto o que vale tanto para as vítimas como para a posteridade.

Indagar sobre qual a estrutura político-jurídica dos campos é relevante, porque esses eventos que lá aconteceram são uma proposta ao mesmo tempo descritiva de nosso tempo, mas também identificativa de nossas próprias vidas.

Evidentemente, como já exposto, há um nexo constitutivo entre estado de exceção e campo de concentração, pois, ironicamente, a proteção que lá se encontra é contra a suspensão da lei que caracteriza a emergência, *"a novidade é que, agora, este instituto é desligado do estado*

---

194 AGAMBEN, Giorgio. *Homo sacer: o poder soberano e a vida nua I*, cit., p. 167.

195 AGAMBEN, Giorgio. *Homo sacer: o poder soberano e a vida nua I*, cit., p. 176

196 AGAMBEN, Giorgio. *Homo sacer: o poder soberano e a vida nua I*, cit., p. 167

de exceção no qual se baseava e deixado em vigor quando o estado de exceção começa a tornar-se regra".[197]

Um exemplo sintomático dessa narrativa pode ser encontrado, de maneira brutal, na figura do chamado *Muselman*.

Na obra *O que resta de Auschwitz*, considerada como ocupante de um lugar intermediário e singular de sua vasta publicação, Agamben retoma a problemática de *Homo sacer I* e de *Mezzi senza fine*, em particular na distinção entre vida nua (*zoé*) e forma de vida (*bios*), que vem desde a distinção proposta por Aristóteles até a transformação na época moderna, da noção de política em biopolítica.

Os campos de concentração, neste livro, são revelados como a prova sempre viva de que o *nomos* (lei, norma) do espaço político contemporâneo - dessa forma, portanto, não só do espaço político do regime nazista -, não é mais a idealizada construção da cidade comum (*pólis*). Na realidade, a idealização é o próprio campo de concentração.[198]

Além do paradoxo da inclusão/exclusão, este livro propicia a reflexão sobre o paradoxo constitutivo que envolve o conceito vindo da tradição do "reino das normas", em outras palavras, a reflexão crítica sobre o estabelecimento de leis, das normas (*nomoi*) comuns que deveriam reger a vida em comum dos homens, bem como a fundamentação do uso dessas normas e as possibilidades de sua validação ou transgressão.

A experiência é a de que nos campos de concentração se apresenta uma devastadora ausência de normas, tanto rígida, quanto aleatória. O problema dos campos é exatamente o nosso problema, pois, como bem alertou Adorno, a repetição deste fato é uma possibilidade que está profundamente imbricada em nossa própria condição moderna, de racionalização dos gestos, neutralização dos julgamentos morais e éticos e de burocratização das decisões, aliado, ainda, à centralização cada vez maior do poder nas mãos do Estado.[199]

---

197 AGAMBEN, Giorgio. *Homo sacer: o poder soberano e a vida nua I*, cit., p. 162.

198 A análise sobre os campos de concentração tem várias vertentes, em especial na dimensão da filosofia estética. Para evitar delongas desnecessários e impor o que se busca com sua reflexão, no caso, a figura do *Muselman*, sugerimos a leitura do texto *Após Auschwitz* de Jeanne Marie Gagnebin. Cf. GAGNEBIN, Jean Marie. *Lembrar, escrever, esquecer*, São Paulo: Ed. 34, 2006, cap. 5, p. 59-82

199 ADORNO, Theodor. Educação após Auschwitz in *Palavras e Sinais*, Petrópolis: Vozes, 1995.

Adorno inicia seu texto seminal *A educação após Auschwitz* com a ideia da exigência de que Auschwitz não se repita como a primeira de todas para a educação. Adverte, ainda, que o fato de não conseguir entender como este acontecimento até hoje teve tão pouca atenção e que a pouca consciência existente em relação a essa exigência e as questões que ela levanta provam que a monstruosidade não calou fundo nas pessoas. Sintoma da persistência da possibilidade de que se repita no que depender do estado de consciência e de inconsciência das pessoas. Qualquer debate acerca de metas educacionais carece de significado e importância frente à Auschwitz.[200]

Adorno está anunciando que a barbárie continuará existindo enquanto persistirem no que têm de fundamental as condições que geram esta regressão à Auschwitz. O pavor vem justamente disso, pois apesar da não-visibilidade atual dos infortúnios, a pressão social continua se impondo, impelindo as pessoas em direção ao que é indescritível e que, nos termos da história mundial, culminaria em Auschwitz, fazendo com que o autor retome a Freud, que identificou de forma perspicaz que a própria civilização, por seu turno, origina e fortalece progressivamente o que é anticivilizatório.[201]

Tomando os relatos de Primo Levi nos munimos de consistentes e prodigiosas ferramentas para entender Auschwitz com um produto de nossa própria sociedade, então, buscar seu testemunho é de fundamental importância para o alerta de Adorno.

Em *O que é isto um homem?* Primo Levi imprime a ideia do testemunho e deixa muito claro como há na experiência dos campos de concentração um completo esvaziamento da própria condição humana, melhor dizendo, da dignidade humana.

> Todos os dias se parecem um com o outro, e não é fácil contá-los. Há quanto tempo dirá, já, este vaivém em parelhas, da Estrada de ferro ao galpão. Cem metros de chão em degelo. Na ida, sob a carga; na volta com os braços caídos ao longo do corpo, em silêncio. Ao redor de nós, tudo nos é hostil. Por cima, sucedem-se maldosas nuvens para tirar-nos o sol; por todos os lados circunda-nos a esquálida floresta de ferro retorcido. Nunca vimos, mas sentimos, ao redor, a presença má do arame farpado que nos segrega do mundo. E nos andaimes, nos trens manobrando, nas estradas,

---

200 Theodor Adorno. *Educação após Auschwitz*, cit., p. 104.

201 Theodor Adorno. *Educação após Auschwitz*, cit., p. 105. A referência de Adorno seria a duas obras de Freud, a saber, *O mal-estar na civilização* e *Psicologia de grupo e a análise do ego*.

> nas escavações, nos escritórios, homens e homens, escravos e patrões, escravos eles também; o medo impele uns e o ódio outros; qualquer outra força emudece. Todos são para nós, inimigos ou rivais. Não, realmente hoje, neste meu companheiro de canga eu não sinto um inimigo, nem um rival. Ele é *Null Achtzhen*. Chama-se apenas assim Zero-Dezoito, os três algarismos finais de sua matrícula; como se todos tivessem compreendido que só os homens têm direito a um nome e que *Null Achtzhen* já não é um homem. Imagino que até ele próprio tenha esquecido seu nome; em todo caso, comporta-se como se fosse assim. Quando fala, quando olha, dá a impressão de estar interiormente oco, nada mais do que um invólucro, como certos despojos de insetos, que encontramos na beira dos pântanos, ligados por um fio às pedras e balançados pelo vento.[202]

Nas palavras de Levi verifica-se aos poucos a narrativa de uma outra ética, a de transmitir algo que pretende ao sofrimento humano, mas cujo nome é desconhecido. Algo que implode as definições de dignidade humana e sua coerência discursiva.

Em seu último livro, *O afogados e sobreviventes* Levi consegue apresentar um retrato descritivo singular do *Muselman*.

> Repito, não somos nós, os sobreviventes, as autênticas testemunhas. Esta é uma noção incômoda, da qual tomei consciência pouco a pouco, lendo as memórias dos outros e relendo as minhas muitos anos depois. Nós, sobreviventes, somos uma minoria anômala, além de exígua: somos aqueles que, por prevaricação, habilidade ou sorte, não tocamos o fundo. Quem o fez, quem fitou o górgona, não voltou para contar, ou voltou mudo; mas são eles, os "muçulmanos", o que submergiram – são eles as testemunhas integrais, cujo depoimento teria significado geral.[203]

Para Levi, o campo é o gênero da existência que foi atribuído aos homens que lá estavam.

Essa dimensão é bem percebida e detalhada por Jean Améry quando expressa que a realidade do campo triunfou sobre a própria noção de morte, de tal forma que seu extremo se apresentava na figura do *Muselman*, o prisioneiro que havia abandonado qualquer esperança e que havia sido abandonado pelos companheiros, sem qualquer discernimento entre bem e mal, espiritualidade e não espiritualidade, algo como um cadáver ambulante que deve ser excluído de consideração.[204]

---

202 LEVI, Primo. É isto um homem?, Rio de Janeiro: Rocco, 1988, p. 41.

203 LEVI, Primo. *Os afogados e sobreviventes*, Rio de Janeiro: Paz e terra, 1990, p. 47.

204 Jean Améry detalha a experiência do triunfo do campo sobre a questão da morte: "[…] Yet, when they once fetched me from my cell after I already had a few

Sobre a definição originária do termo *Muselman* há várias opiniões discordantes. Em outros campos surgiram também nomes diferentes para dizer sobre o *Muselman*, mas indiferentemente disso, a dimensão real que este ser se encontrava era a de uma "situação extrema" e, nessa situação, estava em jogo continuar sendo ou não um ser humano, de tal forma que no "muçulmano" se marcava de algum modo o umbral em que o homem passava a ser não-homem e o diagnóstico clínico passava a ser a análise antropológica, razão pela qual este ambiente extremo entre a vida e a morte, o humano e o inumano tem um forte sentido político, a saber, a de que o "muçulmano" encarna o significado antropológico do poder absoluto de forma radical.[205]

A ideia de "situação extrema" ou "situação limite", termo usado de forma frequente entre filósofos e teólogos, pode desempenhar função semelhante a que para alguns juristas corresponde ao estado de exceção. Como o estado de exceção permite fundar e definir a validez do ordenamento jurídico normal, também é possível diante da "situação extrema" – que nada mais é que uma espécie de exceção – julgar e decidir sobre a situação normal.

A trágica situação do campo de concentração revela-se de forma introspectiva na perífrase de que se serve Levi - anteriormente referida - de que o muçulmano é aquele que viu a Górgona.

Na mitologia grega, a Górgona representa o que não tem rosto - *prósopon* - tendo serpentes em lugar de cabelos, dentes enormes, uma língua protuberante e um rosto tão feio que todos os que a fitavam petrificavam-se de horror. O mito conta que, quando ajudado por Atenas,

---

months of punitive campo behind me and the SS man gave me the friendly assurance that now I was to be shot, I accepted it with perfect equanimity. 'Now you're afraid, aren't you?' the man who was just having fun said to me. 'Yes', I answered, but more out of complaisance and in order not to provoke him to acts of brutality by disappointing his expectations. No, we were not afraid of death. I clearly recall how comrades in whose blose selections for the gas chambers were expected did not talk about it, while with every sign of fear and hope they did talk about the consistency of the soup that was to be dispensed. The reality of the camp triumphed effortlessly over death and over the entire complex of the so-called ultimate questions. Here, too, the mind came up against its limits. AMÉRY, Jean. *At the mind's limits: contemplations by a survivor on Auschwitz and its realities*, Bloomington: Indiana University Press, 1980, p. 18-19.

205 AGAMBEN, Giorgio. *O que resta de Auschwitz: o arquivo e a testemunha*, Trad.: Selvino Assman, São Paulo: Boitempo, 2008, p. 55.

Perseu foi levado até a cidade de Dictérion em Samos, onde estavam apresentadas as estátuas das três górgonas. Durante a viagem, que o capacitou distinguir Medusa de suas irmãs mortais, foi advertido por Atenas para que nunca olhasse diretamente para a Medusa, somente para o seu reflexo. Ao mesmo tempo em que o advertia, Atenas presenteou Perseu com um escudo brilhantemente polido.[206]

A noção de petrificação por horror e a relação com a figura do muçulmano como aquele que viu a Górgona não é algo simples, pois ver a Górgona equivale a uma impossibilidade de ver, de tal forma que a Górgona não nomeia algo que está ou acontece no campo, ela designa, na realidade, a impossibilidade de ver de quem está no campo, de quem chegou tão fundo que tornou-se um não-homem: *"o muçulmano não viu nem conheceu nada – senão a impossibilidade de conhecer e de ver"*.[207]

O desafio, o que permanece em jogo na situação extrema, é a possibilidade de se continuar ou não um ser humano, tornar-se ou não um muçulmano, em outras palavras, pensando sobre isso em termos morais, conseguir conservar dignidade e respeito de si.

Bruno Bettelheim discutindo as condições do homem na moderna sociedade de massa e ao impacto psicológico das tendências totalitárias lança uma pergunta - indicada em sua obra *O coração informado* - que é significativa para a continuidade de nossa análise: *"No campo de concentração, embora alguns presos sobrevivessem e outros fossem mortos, uma porcentagem considerável simplesmente morria. Por que?"*.[208]

Em sua investigação, o que se passava no capo de concentração indicava que, sob condições de privação como as que lá ocorriam, a influência do ambiente sobre o indivíduo pode ser total. Nesse ponto de seu livro, Bettelheim fala dos *Muselmänner* como cadáveres ambulantes.

> Os presos que chegavam a acreditar nas frequentes afirmações dos guardas – de que não havia esperança para eles, de que eles nunca sairiam do campo vivos – e que passavam a sentir que jamais poderiam exercer qualquer influência sobre o seu ambiente eram, literalmente cadáveres ambulantes. [...] Eram pessoas tão carentes de afeto, autoestima e qualquer forma de estímulo, tão completamente exaustas física e emocionalmente,

---

206 GRAVES, Robert. *O grande livro dos mitos gregos*, São Paulo: Ediouro, p. 285.

207 AGAMBEN, Giorgio. *O que resta de Auschwitz*, cit., p. 61.

208 BETTELHEIM, Bruno. *O coração informado: autonomia na era da massificação*, Rio de Janeiro: Paz e Terra, 1985, p. 117.

que haviam dado ao meio um poder total sobre si. Faziam-no quando desistiam de continuar tentando exercer qualquer influência sobre sua vida ou ambiente. Em outras palavras, um prisioneiro que lutasse de alguma forma pela sobrevivência, por alguma auto-afirmação, dentro e contra o ambiente dominante, não podia tornar-se um 'maometano'. Uma vez que sua própria vida e o meio eram vistos como totalmente além de sua capacidade de influenciá-los, a única conclusão lógica era não prestar atenção alguma a eles. [...] Ela começava quando paravam de agir por conta própria. E esse era o momento em que os outros presos reconheciam o que estava acontecendo e afastavam-se destes homens, agora 'marcados', porque continuar ligado a eles só poderia levar à autodestruição.[209]

Nas linhas de Bettelheim, o muçulmano seria aquele que abriu mão da margem irrenunciável de liberdade e que extraviou de si qualquer traço de vida afetiva e de humanidade, ele ultrapassou algo que o autor parece considerar como o "ponto sem retorno", por mais humilhado e massacrado, para manter-se ser humano, era antes de tudo importante manter-se informado e ciente de qual era seu ponto sem retorno.[210] O muçulmano "é a refutação radical de qualquer possível refutação, a destruição desses últimos baluartes metafísicos que continuam de pé por poderem ser provados diretamente, mas unicamente negando a sua negação."[211]

Com essa abordagem, entendemos ter desenvolvido uma narrativa elucidativa de figuras político-jurídicas que possuem em sua base o elemento originário e constitutivo das matrizes do direito, da política, do poder e da violência determinantes e condicionantes das formas jurídicas.

Em última instância, ratificando a noção de *obligatio* e a transposição da matriz de débito e crédito das comunidades tribais para o conceito de bando do antigo direito germânico, podemos atestar como a categoria (a)bando(no), de fato, é a constitutiva e predominante nas relações sociais no plano de todo seu desenvolvimento histórico.

Ademais, na realidade, a relação entre testemunha e testemunho que nos relega a reflexão sobre o campo e a figura do "muçulmano" demonstra um dos equívocos mais prementes do pensamento histórico ocidental, a saber, a tácita confusão entre as categorias éticas e jurídicas, ou ainda, de forma mais enfática, entre as categorias jurídicas e as

---

209 BETTELHEIM, Bruno. *O coração informado*, cit., p. 123.

210 BETTELHEIM, Bruno. *O coração informado*, cit., p. 127.

211 AGAMBEN, Giorgio. *O que resta de Auschwitz*, cit., p. 72-73.

categorias teológicas. Como já exposto, quase todas as categorias de que nos servimos em matéria moral ou religiosa estão contaminadas com o direito, sendo exemplos claros a culpa, responsabilidade, pena, inocência, julgamento e mesmo a absolvição.

Num tom final para o sentido do direito, Agamben institui que os juristas devem saber bem que o que acontece com o direito. Em última análise, sua aobrdagem não tende para o estabelecimento da justiça, pois a *res judicata* é o fim último do direito, de tal forma que o direito não poderia ir além, pois a finalidade última da norma consiste em produzir o julgamento, e este não tem em vista nem punir, nem premiar, nem fazer justiça ou estabelecer a verdade, o julgamento, em si mesmo, é a finalidade, sendo esta a ideia de um mistério do processo, a ideia autorreferencial do julgamento concretizada, por exemplo, na convicção de que a pena não é a consequência do julgamento, mas que ele mesmo é a pena.[212212]

Indiferentemente de se acolher ou não esta interpretação do filósofo italiano, ela nos direciona para refletir sobre outra ilustre confusão, qual seja, a relação entre direito e moral que em Auschwitz relegou a forma de uma nova teodiceia.

E nessa dimensão entra também a relação entre o direito e o conceito de responsabilidade. A responsabilidade é plenamente concebida num ambiente de juridicidade e tentar utilizá-la fora do âmbito jurídico é algo quase impraticado, haja vista como a ética, a política e mesmo a religião puderam se definir unicamente ao roubarem terreno à responsabilidade jurídica, *"não, porém, para assumirem responsabilidades de outro tipo, mas sim ampliando a zona de não-responsabilidade"*[213]

O campo talvez seja o modelo que mais atingiu, em outra perspectiva, a noção de responsabilidade. Há um deslocamento do pensamento tradicional sobre a ética, a realidade de um aquém e não de um além do dualismo entre bem e mal e a grande questão é que este aquém, sem que consigamos dizer o motivo, explicá-lo, é mais importante que qualquer outro além, pois desvenda uma infame zona de irresponsabilidade, que nenhuma confissão é capaz de nos arrancar e que destaca a desprezível e horrorosa banalidade do mal, o culme da opressão, da

---

212 AGAMBEN, Giorgio. *O que resta de Auschwitz*, cit., p. 28-29

213 AGAMBEN, Giorgio. *O que resta de Auschwitz*, cit., p. 30.

violência que desafia as palavras e o pensamento, como bem pode ser verificado na leitura da obra de Arendt *Eichmann em Jerusalém*.[214]

Na relação entre o verbo latino *spondeo* e o termo *obligatio* atingimos por outro lado, também, a verificação da tese proposta. *Spondeo* em latim corresponde ao termo responsabilidade, no sentido de apresentar-se como fiador de alguém, ou até de si mesmo, com relação a algo perante alguém. Esta categoria, no direito romano mais antigo, era verificada no homem livre que se constituía como refém, em estado de prisão - surgindo daí a noção do termo *obligatio* a fim de garantir a reparação de um erro ou o cumprimento de uma obrigação. Isto atesta que o gesto de assumir responsabilidade é genuinamente jurídico e não ético.[215]

Não expressando nada de nobre, mas tão somente o fato de ligar-se em favor de alguém - de *ob-ligar-si* -, nada mais do que a noção de entregar-se como prisioneiro para garantir uma dívida temos um cenário no qual o vínculo jurídico está diretamente ligado ao corpo do responsável. Por meio desse exemplo fica intrinsecamente comprovada a vinculação da noção de responsabilidade ao conceito de culpa que, no sentido latino, indica a imputabilidade de um dano.

Dessa forma, a responsabilidade e a culpa exprimem, simplesmente, dois aspectos da imputabilidade jurídica e apenas, posteriormente, num segundo momento, é que foram interiorizados e transferidos para fora do direito.

Com essa afirmação, prendemos combater a opacidade de grande parte da doutrina ética que busca se fundamentar nestes dois conceitos.

> A confusão entre categorias éticas e jurídicas (com a lógica do arrependimento que a mesma implica) é, neste caso, absoluta. Está na origem dos numerosos suicídios praticados para escapar do processo (e não só por parte dos criminosos nazistas), em que a tácita assunção de uma culpa moral teria a pretensão de redimir-se daquela jurídica. Convém lembrar que

---

214 A obra *Eichmann en Jerusalém* é uma fonte profícua para uma análise cuidadosa do que aqui estamos abordando. Em suas palavras: " «¿Por qué razón han sufrido los judíos tan triste destino?» y «¿No cree el testigo que la última base del destino de este pueblo está formada por un conjunto de motivaciones irracionales que los seres humanos no podemos alcanzar a comprender?». ¿No se trata, quizá, de algo que bien pudiéramos llamar «espíritu de la historia, que precisamente surte el efecto de impulsar los acontecimientos históricos, de un modo independiente a la voluntad de los hombres»[...]" ARENDT, Hannah. *Eichmann en Jerusalén: uns studio sobre la banalidad del mal*, 4 ed., Barcelona: Lumen, 2004, p. 17.

215 AGAMBEN, Giorgio. *O que resta de Auschwitz*, cit., p. 31.

> a primeira responsável por essa confusão não é a doutrina católica, que, aliás, conhece um sacramento cuja finalidade consiste em libertar todo o pecador em relação à culpa, mas a ética laica (na sua versão moderada e farisaica, que é a dominante. [...] Mas a ética é a esfera que não conhece culpa nem responsabilidade: ela é, como o sabia Spinoza, a doutrina da vida feliz. Assumir uma culpa e uma responsabilidade - o que, às vezes, pode ser necessário fazer – significa sair do âmbito da ética para ingressar no do Direito. Quem procurou dar esse difícil passo não pode ter a pretensão de voltar a entrar pela porta que acabou de fechar atrás de si".[216]

Por fim, há ainda um outro conceito jurídico que toda a experiência do campo, como paradigma biopolítico moderno, afeta, a saber, a dignidade humana.

O conceito de dignidade tem origem jurídica e a proposta de uma verdadeira teoria da dignidade jurídica deve-se aos juristas e aos canonistas medievais.

Na já referida obra de Kantorowicz, *Os dois corpos do rei*, verificamos como o autor demonstra a ciência jurídica vinculada estritamente a teologia com o intuito de apresentar um dos pilares da teoria da soberania e o caráter perpétuo do poder político. É por essa forma que a dignidade emancipa-se de seu portador e converte-se em pessoa fictícia, um corpo místico que se põe junto do corpo real do magistrado ou imperador, tal como em Cristo a pessoa divina duplica seu corpo humano.

Foi por meio desta interpretação que os juristas medievais lançaram a ideia de que a dignidade nunca morre, pois no duplo funeral do imperador romano e depois, no dos reis franceses, a imagem de cera do soberano morto que restava representava a sua dignidade.

No capítulo "O rei que nunca morre" na parte denominada *Dignitas non moritur*, Kantorowicz mostra que a continuidade dinástica associa-se ao caráter corporativo da coroa em conjunto com a imortalidade da dignidade real. A coroa é como um corpo coletivo do reino associada à dignidade, que também é de natureza pública e não meramente privada.[217]

---

216 AGAMBEN, Giorgio. *O que resta de Auschwitz*, cit., p. 33.

217 Afirma o autor: "A perpetuidade dos direitos soberanos do corpo politico integral, do qual o rei era a cabeça, era entendida como situada na Coroa, por vaga que possa ter sido essa noção, sem a qual ficariam quase incompreensíveis as especulações em torno de "dois corpos" de um rei: a Dignitas". KANTOROWICZ, Ernst. *Os dois corpos do rei*, cit., p 233.

Para demonstrar esta simbologia, o autor invoca Macbeth de Shakespeare. Na obra, a dignidade que nunca morre é percebida na procissão de fantasmas dos reis predecessores a Macbeth. Outra ideia é também a preservação da noção de dignidade nas esfinges das moedas em circulação representando um poderoso elemento simbólico da continuidade monástica. Esse modelo foi utilizado pelos canonistas medievais e interiorizado nos tratados de moral.[218]

As fórmulas geradas desse núcleo da dignidade revelam, então, a utilização da dignidade como conceito jurídico a pertencer a uma pessoa, ou não, sendo assim, os nazistas após a lei marcial, em relação à condição jurídica dos judeus, entendem estes como homens privados de qualquer dignidade.

É explícito que os campos de concentração marcam o fim e a ruína de qualquer ética da dignidade e da adequação a uma norma, que faz surgir, de forma extrema, uma situação entre a vida e a morte em que o que está em jogo é até quando será possível manter-se como humano.

---

[218] KANTOROWICZ, Ernst. *Os dois corpos do rei*, cit., p. 235.

7. DIREITO E VIOLÊNCIA

A violência, distintamente do poder, da força ou do vigor, sempre necessita de implementos. Isto tudo se verifica na revolução da tecnologia e na fabricação de instrumentos proporcionada pela guerra. Até a própria substância da ação violenta é regida pela categoria do "meio-fim", cuja principal característica, quando aplicada aos negócios humanos, foi sempre a de que o fim corre o perigo de ser suplantado pelos meios que ele justifica e que são necessários para alcançá-lo.[219]

Ademais, o fim da ação humana, distintamente dos produtos finais da fabricação, nunca pode ser previsto de maneira confiável, pois os meios utilizados para atingir objetivos políticos são desmesurados. O resultado das ações dos homens está além do controle dos atores, a violência abriga, em si mesma, um elemento adicional de arbitrariedade, de tal maneira que a guerra e sua presença na exaltação do aperfeiçoamento dos meios de destruição físico e material humano representam *"um irônico lembrete da imprevisibilidade onipotente que encontramos no momento em que nos aproximamos do domínio da violência"*[220]

Esse assombro da guerra e o irônico lembrete de Arendt encontram uma exploração muito factível na conhecida troca de cartas entre Freud e Einstein conhecida pelo título *Por que a guerra*[221]?

Einstein escreve para Freud sobre o intenso desejo de poder, que caracteriza a classe governante em cada nação, ser hostil a qualquer limitação de sua soberania nacional. Tal soberania, nos diz, possui aspirações econômicas que consideram a guerra, a fabricação e a venda

---

219 ARENDT, Hannah. *Sobre a violência*, Rio de Janeiro: Civilização Brasileira, 2009, p. 18.

220 ARENDT, Hannah. *Sobre a violência*, cit., p. 19.

221 EINSTEIN, Albert; FREUD, Sigmund. *Um diálogo entre Einstein e Freud: por que a guerra?*, Santa Maria: FADISMA, 2005.

de armas como uma oportunidade de expandir seus interesses pessoais e ampliar a sua autoridade pessoal. Por essa via que a maioria acaba sucumbindo à vontade de uma minoria, se resignando a perder e a sofrer com uma situação de guerra, a serviço da ambição de poucos - a ponto, até mesmo, de se sacrificarem por estes.

No desenvolvimento do texto de resposta à carta de Einstein, Freud observa como Einstein deu rumo à conversa ao retratar o cenário da relação entre direito e poder. Assumindo esse ponto de partida como correto da investigação, sugere, então, sua substituição a palavra poder pela palavra violência, pois, basicamente, afirma o Autor, conflitos de interesse entre os homens são resolvidos pelo uso da violência.

> O senhor começou com a relação entre o direito e o poder. Não se pode duvidar de que seja este o ponto de partida correto de nossa investigação. Mas, permita-me substituir a palavra poder pela palavra mais nua e crua de violência? Atualmente, direito e violência se nos afiguram como antíteses. No entanto, é fácil mostrar que uma se desenvolveu da outra e, se nos reportarmos às origens primeiras e examinarmos como essas coisas se passaram, resolve-se o problema facilmente. Perdoe-me se, nessas considerações que se seguem, eu trilhar chão familiar e comumente aceito, como se isto fosse novidade. O fio de minhas argumentações o exige. É, pois, um princípio geral que os conflitos de interesses entre os homens são resolvidos pelo uso da violência. [...] No início, numa pequena horda humana, era a superioridade da força muscular que decidia quem tinha a posse das coisas ou quem fazia prevalecer sua vontade. A força muscular logo foi suplementada e substituída pelo uso de instrumentos: o vencedor era aquele que tinha as melhores armas ou aquele que tinha a maior habilidade no seu manejo. A partir do momento em que as armas foram introduzidas, a superioridade intelectual já começou a substituir a força muscular bruta; mas o objetivo final da luta permanecia o mesmo. uma ou outra facção tinha de ser compelida a abandonar suas pretensões ou suas objeções, por causa do dano que lhe havia sido infligido pelo desmantelamento de sua força. Conseguia-se esse objetivo de modo mais completo se a violência do vencedor eliminasse para sempre o adversário, ou seja, se o matasse. Isto tinha duas vantagens: o vencido não podia restabelecer sua oposição e o seu destino dissuadiria outros de seguirem seu exemplo. Ademais disso, matar um inimigo satisfazia uma inclinação do instinto, que mencionarei posteriormente[222]

Para Freud as relações sociais ocorrem, no início, pela dominação por parte de qualquer um que tivesse poder maior. Seu cumprimento

---

[222] EINSTEIN, Albert; FREUD, Sigmund. *Um diálogo entre Einstein e Freud: por que a guerra?*, cit., p. 30.

ocorria pela violência bruta ou pela violência apoiada no intelecto. E por qualquer ângulo que se olhe, mesmo esse regime tendo sido modificado no transcurso histórico, com a interferência do direito na resolução dos conflitos, houve desde sempre um caminho que se estendeu da violência ao direito ou à lei.

O fato de que à força superior de um único indivíduo poderia contrapor-se a união de diversos indivíduos fracos, dando o conhecido jargão "a união faz a força", fazendo valer a força de uma comunidade, mesmo assim, ela ainda é violência pronta para ser utilizada contra qualquer um que lhe afronte os objetivos. Nesse trilho que é configurada a transição da violência de um indivíduo para a violência de uma comunidade e nela há um elemento psicológico inscrito que se configura como uma nova noção de direito e justiça e que passa a ser transposto num jogo infinito, pois a pessoa, a seguir, que se julgasse superior em força, haveria de mais uma vez tentar estabelecer o domínio por meio da violência.

A comunidade deve se manter permanentemente organizada, antecipando-se ao risco de rebelião, fazendo reinar o respeito às leis. A coordenação da execução dos atos legais da violência, fez com que surgisse vínculos emocionais entre os membros, de modo que *"a violência [é] suplantada pela transferência do poder a uma unidade maior, que se mantém unida por laços emocionais entre os seus membros"*.[223]

Nesse esquema, cada indivíduo deve abrir mão da liberdade pessoal de utilizar a sua força para fins violentos e qualquer noção de equilíbrio não passa de teoria. Na realidade, a situação fica mais complicada, pois desde os seus primórdios a comunidade abrange elementos de força desigual entre seus membros, sejam homens ou mulheres, pais ou filhos e isto gera, consequentemente, a noção prática de vencedores e vencidos, que se transformam em senhores e escravos.

Assim, as leis começam a ser feitas por e para membros governantes, sobrando muito pouco espaço para os que se encontram em estado de sujeição. No início, os detentores do poder tentam se colocar acima das proibições que aplicam a todos, no exercício de um absolutismo soberano, de forma que tentam, dessa forma, escapar do domínio pela lei para o domínio pela violência.

---

[223] EINSTEIN, Albert; FREUD, Sigmund. *Um diálogo entre Einstein e Freud: por que a guerra?*, cit., p. 32-33.

Tudo isso revela o quanto condenada ao fracasso é a tentativa de substituir a força real pela força das ideias. Freud explica que que estaríamos fazendo um cálculo errado se desprezássemos o fato de que a lei, originalmente, era força bruta e que, mesmo hoje, não pode prescindir do apoio da violência.[224]

A noção de um instinto de destruição e desejo de poder é muito significativo no homem. É tão significativo que Freud supõe que estejam em atividade em qualquer criatura viva, chegando a levá-la ao aniquilamento, reduzindo a vida à condição original inanimada, a ideia mesma de um instinto de morte, como instinto destrutivo que, com o auxílio de órgãos especiais, é dirigido para fora, para objetos. Nessa lógica, o organismo preserva sua própria vida, por assim dizer, destruindo uma vida alheia.

O diálogo entre os autores se encaminha para uma resposta, em tom supranacional, à pergunta indicativa do título dado a troca de cartas e com apoio na ideia de um possível processo histórico de intelectualização dos homens.

Indiferentemente de se aceitar isso como resposta ou não, Hannah Arendt enfrenta a questão posta afirmando que a principal razão da guerra ainda estar entre os homens não seria um secreto desejo de morte da espécie humana, nem um instinto irreprimível de agressão ou mesmo os perigos econômicos e sociais inerentes ao desarmamento, mas o simples fato de que nenhum substituto para esse arbítrio, único nos negócios internacionais, surgiu na cena política. Com isso, sequer é provável que um substituto venha a aparecer enquanto estiverem identificadas a independência nacional, em outras palavras, o estar livre da dominação estrangeira e a soberania do Estado, isto é, a reinvindicação de um poder ilimitado e irrestrito.[225]

Nessa trilha argumentativa é que Giorgio Agamben lança a possibilidade de repensar o mitologema da soberania. A partir de Arendt, Foucault e Schmitt, o Autor discute que o princípio de toda soberania reside essencialmente na nação, que nenhum corpo, nenhum indivíduo pode exercer uma autoridade que não emane expressamente da nação, a partir do que se pode inferir o vínculo entre o conceito de

---

224 EINSTEIN, Albert; FREUD, Sigmund. *Um diálogo entre Einstein e Freud: por que a guerra?*, cit., p. 37.

225 ARENDT, Hannah. *Sobre a violência*, cit., p. 20.

nação e o princípio da soberania legítima da autoridade política, numa transição que se dá entre o nascimento e a nacionalidade.

A constituição da esfera política da decisão soberana consistente no direito de vida e morte, direito de fazer morrer ou deixar viver. Este é o fato jurídico primordial e a exceção corresponde à estrutura originária na qual o direito se refere à vida e a inclui em si por meio de sua própria suspensão.[226] Tais afirmações esclarecem como a interpretação dominante do contrato social e da lógica da soberania - como fundamento racional de legitimidade do poder político - perde consideravelmente sua força de convencimento.

Daí que apresentamos anteriormente o conceito de *bando* como o relacionamento jurídico-político originário. O *bando* é fundamentalmente uma *exceptio* e, como tal, insígnia da soberania, cujo paradoxo se enuncia na esteira da tese schmittiana: o soberano está, ao mesmo tempo, dentro e fora do ordenamento jurídico.[227]

Por essa via argumentativa, o direito, em especial com as declarações de direito - que possuem em seu conteúdo uma tônica internacional -, por mais que almeje uma função emancipatória com os direitos fundamentais, acabam integrando o dispositivo de *abandono* da vida nua à violência dos mecanismos de poder, sendo exatamente esta a configuração das sociedades europeias modernas, como sociedades biopolíticas ao longo do século XVIII. Daí que, com o biopoder, o Estado moderno inclui a vida biológica, tanto na esfera individual com os corpos adestrados, amansados pelas disciplinas, como no registro genérico das populações, cujos *"ciclos vitais de saúde e morbidez, natalidade e mortalidade, reprodução, produtividade e improdutividade, devem ser calculados em termos da previdência e assistência social"*[228].

Numa análise histórica, sem muito esforço, pode-se verificar o enorme papel da violência no desempenho dos negócios humanos, por mais que, na maioria das vezes, o seu uso e arbitrariedade foram negligenciados.

---

226 AGAMBEN, Giorgio. *Homo sacer: o poder soberano e a vida nua I*, cit., p. 35.

227 AGAMBEN, Giorgio. *Homo sacer: o poder soberano e a vida nua I*, cit., p. 22.

228 GIACOIA JUNIOR, Oswaldo. *Sobre direitos humanos na era da bio-política*, cit., p. 284- 285.

8. RACIONALIDADE JURÍDICA

Em termos jurídicos, mais precisamente em termos de Teoria do Direito, a discussão – que perpassa as teorias contratualistas e suas críticas com as teorias da dominação e poder como configuradoras do Estado e o próprio positivismo jurídico normativista kelseneano – revela a questão de se caracterizar a legitimidade do emprego da violência pelo direito para regular as relações sociais.

O desenvolvimento dessa colocação, em toda a trajetória do que até aqui e construiu, parece sugerir que a presente discussão instaura praticamente uma zona de indeterminação entre a filosofia política e a filosofia jurídica

Nesta medida, o direito vem sendo construído pela tensão entre um ideal de justiça, jamais realizado, e na realidade da violência na qual se ampara o poder. Poder este de assenhoramento de um sujeito sobre outro.

O poder aqui mencionado, conhecido em todas as sociedades que se tem notícia, salvo aquelas surgidas na modernidade, é um poder que tem como fundamento uma força superior, divina, como bem demonstra Walter Benjamin ao final de seu texto *Para uma crítica da violência* (*Zur Kritik der* Gewalt[229], e que é bem aproveitado por Jacques Derrida em seu *Força de lei*[230]

Segundo Walter Benjamin, no ensaio supramencionado, há uma oscilação semântica constante a partir do termo *Gewalt* entre os sentidos de violência e poder. Todo o seu esforço é para demonstrar como a

---

[229] BENJAMIN, Walter. *Para una crítica de la violencia*, Trad.: Héctor A. Murena, Buenos Aires: Editorial Leviatán, 1995, p. 46.

[230] DERRIDA, Jacques. *Força de lei: o fundamento místico da autoridade*, Trad.: Leyla Perrone-Moisés, São Paulo: Martins fontes, 2007, p. 72.

origem do direito e do próprio poder judiciário surge a partir da violência, que a par da crítica feita por Agamben no cerne da violência revolucionária, é central para o debate entre o sentido constitutivo da instauração e desenvolvimento do processo civilizatório pela violência.

De modo cuidadoso, Derrida evidencia que a tradução da palavra *Gewalt,* proposta da forma como o fez Benjamin, exige precauções, pois *Gewalt,* além de violência, pode significar também o domínio ou a soberania do poder legal, a autoridade, autorizante ou autorizada: a força de lei.

Em sua análise, Derrida demonstra como Benjamin pretende colocar em questão o direito, mais propriamente, com todo rigor, uma "filosofia do direito". Para tanto, cria uma primeira distinção entre as duas violências do direito: a violência fundadora, aquela que institui e instaura o direito (*die rechtsetzende Gewalt*), e a violência conservadora, aquela que mantém, confirma, assegura a permanência e a aplicabilidade do direito (*die rechtserhaltende Gewalt*)[231].

Logo em seguida, surgem duas outras distinções, a saber: a distinção entre a violência fundadora do direito, que é dita "mística"; e a violência destruidora do direito (*Rechtsvernichtend*), que é dita divina.

E, por fim, a distinção entre a justiça (*Gerechtigkeit*), como princípio de toda colocação divina de finalidade (*das Prinzip aller göttlichen Zweckstzung*) e o poder (*Macht*), como princípio de toda instauração mística do direito (*aller mythischen Rechtsetzung*).

Segundo Derrida, o termo "crítica" (*Kritik*), utilizado por Benjamin, não significa simplesmente uma avaliação negativa, rejeição ou condenação legítimas de violência, mas um juízo, uma avaliação dos meios de se julgar a violência.

Na realidade, o conceito de violência pertence à ordem simbólica do direito, da política e da moral, de todas as formas de autoridade ou de autorização ou pelo menos de pretensão de autoridade.[232]

A par de tudo o exposto, é interessante ainda notar, retomando René Girard na obra *A violência o* sagrado[233] (*La violence et le sacré*), como este aborda o tema fundamental da violência na exteriorização da noção de sacrifício praticada pelos homens.

---

231 DERRIDA, Jacques. *Força de lei: o fundamento místico da autoridade,* cit., p. 73.

232 DERRIDA, Jacques. *Força de lei: o fundamento místico da autoridade,* cit., p. 74 e 75.

233 GIRARD, René. *La violence et le sacré,* Paris: Bernard Gasset, 1972.

Em seu texto, o referido autor trata sobre o mistério do sacrifício: só o sacrifício de alguém, "o bode expiatório", pode catalisar a violência de todos contra todos. Tudo pelo sentimento mimético do ser humano de desejar o que o outro deseja, sem se saber o porquê se deseja.[234]

Essa figura do "bode expiatório" é a que encontramos hoje em nossas sociedades modernas, pois enquanto modernas e racionais, não são mais crentes em magias e ritos, na forma de incluídos/excluídos da sociedade, "ou seja, os que se acham internos e internados, em domicílios, reformatórios, asilos, delegacias, prisões, hospitais e também naquela instituição paradigmática dessas todas, segundo Giorgio Agamben (em *Homo Sacer*, 1995), que é o campo de concentração, para refugiados ou prisioneiros em geral, de status indefinido".[235]

Na dimensão de tudo isso é que resta, por fim, o interessante apontamento sobre o conceito de política em Carl Schmitt e o modo pelo qual explora a potência de uma violência instauradora e mantenedora do direito em nossa sociedade atual.

Em termos de legalidade, como também já mencionado anteriormente, Schmitt defende que a forma especial de manifestação do direito é a lei e a justificação específica da coerção estatal é a legalidade, cabendo ao soberano decidir sobre o estado de exceção, ou seja, na figura do soberano, reúnem-se os seguintes elementos que acontecem simultaneamente: supremo legislador, supremo juiz e supremo mandatário, última fonte de legalidade e última base de legitimidade.[236]

Para Schmitt, a razão última da política é a possibilidade extrema da guerra, que se expressa na dualidade dos conceitos opostos de amigo/inimigo.

Como bem nota Lorenzo Córdova Vianello, em Schmitt, pode-se encontrar quatro características fundamentais da contraposição amigo/inimigo.[237]

A primeira seria que a distinção amigo/inimigo constitui um elemento originário, ou seja, a confrontação proposta não é um resultado de uma série de situações que se pode definir como políticas, mas, pelo contrário,

---

234 GIRARD, René. *La violence et le sacré*, Paris: Bernard Gasset, 1972, p. 13 e 14.

235 GUERRA FILHO, Willis Santiago e CARNIO, Henrique Garbellini. *Teoria política do direito*, cit., p. 117.

236 SCHMITT, Carl. *Legalidade e legitimidade*, Trad.: Tito Lívio Cruz Romão, Belo Horizonte: Del Rey, 2007, p. 3 e 4.

237 VIANELLO, Lorenzo Córdova. *Derecho y poder: Kelsen y Schmitt frente a frente*, México: FCE, UNAM, IIJ, 2009, p. 213-217.

constitui a premissa para poder qualificar tais situações como políticas. Essa dimensão define o fenômeno político como toda situação conflitiva que pode ser reconduzida, em última instância, a confrontação entre amigo/inimigo deve ser considerada como pertencente à esfera da política.

Em segundo lugar, o dualismo amigo/inimigo é uma parelha de categorias autônomas, que não pode ser comparada a dicotomias de outras espécies, como da moral, da estética ou da economia. Em outras palavras, ser amigo não significa ser bom, belo ou útil, da mesma maneira que ser inimigo não significa ser mal, feio ou inútil.

Os conceitos amigo e inimigo são antitéticos, é dizer, que se excluem reciprocamente e são exaustivos. Enquanto antitéticos, os conceitos definem um ao outro através da negação e da contraposição em relação ao outro. Isto é importante, pois, enquanto antitéticos não é possível se criar um meio termo para amigo e inimigo.

Por fim, a quarta característica seria a de que na dicotomia há um conceito mais forte do que o outro, no caso, o de inimigo, pois a partir dele é que se consegue atingir a contraposição ao conceito de amigo. Nesta dimensão, o conceito de inimigo tem uma prioridade lógica sobre o conceito de amigo.

A par destas considerações iniciais, há a divisão da política concebida como a expressão do conflito e como esta pode se desenvolver de forma especial em dois campos diversos, a saber: no campo internacional ("alta política") e no campo nacional, palco de uma política concebida pelo contrário, como algo degradado a extremos "parasitários" e "caricaturais".[238]

E mais, isso revela que somente a partir do Estado um povo pode expressar a decisão política fundamental: a decisão sobre o amigo/inimigo.

A dicotomia entre amigo e inimigo é que dá, então, a tônica da existência de um povo, pois a identidade de um coletivo é determinada pela confrontação e pela luta contra um inimigo comum, ou seja, um povo pode se considerar unido politicamente quando todos os seus membros possuem os mesmos inimigos e os combatem e, por outro lado, que a derrota e o aniquilamento do inimigo pode confirmar a existência de um grupo de homens constituídos em um povo, surgindo, assim, a essência da política como *mors tua vita mea*.[239]

O grande problema deste articulado pensamento de Schmitt, que remete a relação de seu conceito político, é que, tragicamente, para se

---

238 VIANELLO, Lorenzo Córdova. *Derecho y poder*, cit., p. 220 e 221.

239 VIANELLO, Lorenzo Córdova. *Derecho y poder*, cit., p. 225.

identificar o elemento forte, inimigo, qualquer diferença pode ser utilizada para determiná-lo. Isto é, qualquer diversidade de tipo étnico, religioso, cultural ou econômico pode ser utilizada e enfatizada para estabelecer quem é o outro que se deve combater e aniquilar.[240]

Essa seleção politizada entra num esquema fatal reconhecido hodiernamente em práticas governamentais que podem ser exemplificadas nas três seguintes situações: a) a identidade racial construída pelo nazismo para justificar a aniquilação dos judeus, dos ciganos e dos homossexuais durante o Terceiro Reich, b) as identidades étnicas sobre as quais se baseiam as reivindicações de autonomia do Estado da Ex-Iuguslávia, precursoras de guerras e de limpezas étnicas e c) a guerra global declarada pelos Estados Unidos a partir dos atentados terroristas do 11 de Setembro, criando a chamada guerra contra o terror.[241]

Daí que se mostra profundamente interessante a proposta da Roberto Esposito ao se referir sobre o sentido da *immunitas* em contraposição à *communitas*, na qual a proteção e negação da vida correspondem ao limiar paradoxal da vida humana.

A variedade dos acontecimentos que nos cercam, desde noções jurídicas até tecnológicas, segue uma tendência de sempre nos proteger frente a um perigo. A noção de contágio, afirma Esposito, é exatamente a que se apresenta por sua semântica polivalente no entrecruzamento do direito, da política, da comunicação e da biologia, de modo que a ideia de um paradigma da imunidade, que, enquanto protege a vida, também a nega, como no caso de uma vacina, do *phármakon* – gift-gift[242] -, de tal modo que o direito no ambiente desta dialética negativa surge como o dispositivo imunitário de todo o sistema social.[243]

Como dispositivo imunitário o direito revela exatamente a sua relação com a violência – e sua indissociabilidade com a política.

---

240 VIANELLO, Lorenzo Córdova. *Derecho y poder*, cit., p. 226.

241 VIANELLO, Lorenzo Córdova. *Derecho y poder*, cit., p. 227.

242 Expressão utilizada por Marcel Mauss para expressar os dois sentidos da palavra *gift* enquanto presente e veneno, conforme as divergentes variações nas línguas germânicas. Cf. MAUSS, Marcel. *Ensaio de sociologia*, 2 ed., São Paulo: Perspectiva, 2001, p. 363-367.

243 ESPOSITO, Roberto. *Immunitas: protección y negación de la vida*, Buenos Aires: Amorrortu, 2009, p. 19.

> Essa relação, longe de se limitar ao papel, desempenhado pela lei, de imunização da comunidade em relação a violência que a ameaça, caracteriza os procedimentos imunológicos em si: ao invés de eliminada, a violência é englobada pelo aparato destinado a reprimi-la, mais uma vez, violentamente. [...] Que o direito seja indispensável para a proteção de todo tipo de convivência associada frente aos conflitos que a atravessam não retira o cerne da violência que aquele leva encravado não só em sua própria gênese, senão no coração mesmo de seu funcionamento.[244]

Nesse esquema não existem duas histórias, a do direito e a da violência, mas uma só a do direito e a da violência jurídica que Benjamin nos relega e que, por mais que se possa criticá-la, ela revela a função que o direito herda do mundo demoníaco que o precede e o determina em seus procedimentos violentos: a de condenar a vida a uma perpétua culpabilidade.[245]

Nossa vida em sociedade se encontra permanentemente ameaçada e do que se trata é de defendê-la, no final de tudo, minimamente de mantê-la e por melhores que sejam as condições materiais que se tenha para viver assim a vida, ela não deixa de ser mesmo, como no emblemático horror de ver a Górgona, como anunciado por Primo Levi, sendo esta a forma como o campo se revela, em Agamben, como o paradigma atual da política.

Fica mais do que patente e registrada aqui a origem violenta de toda proibição, tanto sagrada, como jurídica, que garante a vida em sociedade, sustentada pelo enfrentamento da morte, na condição da vida e porta para a morte.[246]

O direito, nessa perspectiva intrinsecamente relacionada à violência, é atingido pela capacidade manipuladora das mencionadas instituições, que dissimulam a complexa prisão simbólica de nossas pulsões, exasperada pelos meios de comunicação em massa e pela capacidade

---

[244] ESPOSITO, Roberto. *Immunitas: protección y negación de la vida*, cit., p. 20-21. No original: "Esta relación, lejos de limitarse al papel, desempeñado por la ley, de inmunización de la comunidad respecto de la violencia que la amenaza, caracteriza a los procedimientos inmunitarios en sí: más que eliminada, la violencia es englobada por el aparato destinado a reprimirla, una vez más, violentamente. [...] Que el derecho sea indispensable para la protección de todo o tipo de convivência associada frente a los conflitos que la atraviesan no quita el núcleo de violência que aquel lleva enclavado no sólo en su própria génesis, sino en el corazón mismo de su funcionamento."

[245] ESPOSITO, Roberto. *Immunitas: protección y negación de la vida*, cit., p. 51.

[246] CAILLOIS, Roger. *El hombre y lo sagrado*, 2ª ed., México: Fondo de Cultura Económica, 1996, cap. V, p. 147 e segs.

dissimuladora de uma das principais instituições ficcionais responsáveis pela regulação dos seres humanos: o próprio direito.[247]

Na trama indissociável entre direito e violência, direito e poder, que caracteriza a experiência ocidental de instrumentalização da força para instituição e aplicação do direito é que se encontra a discussão sobre a necessidade de superação, especificamente, da ideia da instrumentalização da juridicização da violência sob a forma do princípio da soberania.[248]

Como uma estratégia para evitar ingenuidades ou meras exposições simplistas sobre o sentido do direito, o desafio que se coloca em jogo é a desobstrução de um pensamento filosófico jurídico que não pense e reflita sobre a política na qual a vida não seja separada e *excepcionada* do ordenamento estatal. Indiferentemente da forma como se queira perfilar por estas sendas – seja numa crítica à democracia, à figura do estado ou mesmo uma proposta internacionalizadora pela noção de cidadania que aqui não foi sequer articulada por nós -, convém buscar uma proposta de projeção para um pensamento sobre o direito em sua dimensão indissociável com a política, pois, desta forma, ao menos, abre-se um horizonte de possibilidades que minimamente, no embalo de um escancaramento da realidade e provocativa explicitação de uma ficção consciente, propicie a assunção deste desafio em toda sua extensão e profundidade.

Neste íntimo entre o direito, a violência e a vida, novas bases precisam ser construídas a partir da capacidade criativa do homem em ficções justificadoras da existência e da coexistência, de tal forma que, no embalo dessa ficção consciente, consigamos atingir o resultado de uma dimensão afirmativa de valores - ética, lembrando aqui a noção de Wittgenstein - como um testemunho e uma tendência do espírito humano que pessoalmente não podemos deixar de respeitar profundamente e que por nada no mundo pode ser ridicularizada[249], muito presenciada na obrigação invocada por Adorno para nunca mais se retornar aos acontecimentos de Auschwitz, e, por outro lado, na condição de Eichmann, em Jerusalém, e a banalização do mal.

Apostamos, então, numa atividade possibilista em que se mantenha uma reflexão que leve em conta as mais diversas formas de criações

---

247 ESPOSITO, Roberto. *Termini della politica: comunità, immunità, biopolitica*, 2 ed., Milano: Mimesis, p. 125-136.

248 GIACOIA JUNIOR, Oswaldo. *Direitos humanos na era da biopolítica*, cit., p. 301.

249 WITTGENSTEIN, Ludwig. *Vortrag über Ethik und andere kleine Schriften*, Frankfurt; J. Schule, 1989, p. 20.

desenvolvidas pelo engenho humano, como as filosofias, religiões, mitologias e mesmo as ciências, como o direito, cabendo em especial a este último garantir e projetar a ficção mencionada, criando, estabelecendo e impondo sentidos, valores, e fornecendo as condições de manutenção da vida em comum, a vida humana.

8.1. CRÍTICA DAS FORMAS JURÍDICAS

Os caminhos propostos tradicionalmente na construção do pensamento jurídico apontam para uma racionalidade que mantém a forma direito completamente intocada em sua aderência à violência. Seja de forma direta ou indireta, velhas ou novas formas jurídicas, todas, mantêm-se atreladas a uma não *deposição* do direito, todas desembocam num contrato de direito.

O retorno ao estudo das vias tradicionais que fundamentam o mote da história do pensamento jurídico, classicamente, representado na confrontação (*Auseinandersetzung*) entre o jusnaturalismo e o positivismo jurídico, ao tempo em que serve de suporte essencial para se entender o direito tido hoje, também fornece o substrato para a averiguação do que alguns, de modo esforçado, chamam de uma "terceira via"[250], projetada entre ou para além do tradicional confronto do jusnaturalismo com o positivismo jurídico, e que ganha identificação como pós-positivismo, anti-positivismo ou qualquer outra pretensão para além do positivismo jurídico.

Essas novas propostas, que se denominam como desafiadoras ao positivismo jurídico, todas também estão atreladas a uma categorização jurídica, por mais que lidam com novas vertentes filosóficas, imbuídas de um estudo pós-metafísico, ao se atarem à teoria da decisão e sua forma jurídica continuam, em alguma medida, não *depondo* o direito e não atingindo a raiz em que está posta o problema da racionalidade jurídica atualmente: a necessidade de uma categoria pressuposicional do direito.

---

[250] Como referência, Arthur Kaufmann, apresenta uma lista de autores e livros consideravelmente extensa no início do capítulo 4 de sua obra *Filosofia do direito* intitulado *Além do direito natural e do positivismo jurídico* que é justificada nos seguintes termos: "A indicação de tanta bibliografia a respeito deste tema tem naturalmente uma razão. E esta está no facto de a busca de uma 'terceira via' entre, ou para além do direito natural e do positivismo ser hoje 'o' tema da filosofia do direito [...]". Cf. KAUFMANN, Arthur. *Filosofia do direito*. trad.: António Ulisses Cortês, Lisboa: Fundação Calouste Gulbenkian, 2004, cap. 4, pp. 60 e segs.

Da mesma forma, outras possibilidades de pensar o direito no mesmo contexto, mas que não tomam o desafio ao positivismo como ponto central, como o que tem sido proposto por alguns como uma retomada jusnaturalista revelada em alguns estudos que colocam destaque no conceito de direitos humanos - e mesmo as retomadas realistas e o estudo da positivação do direito a partir de decisão jurídica - todas compactuam com o mesmo esquema de uma manutenção da forma direito que é construída na perspectiva de uma racionalidade jurídica atrelada à violência.

Mesmo no confronto, muitas vezes confuso, entre uma retomada do positivismo e do jusnaturalismo, independentemente de a quem for dada a tônica principal, atualmente não se tem conseguido superar o problema posto pela relação entre o direito e a política. Todas as tentativas de pensar novas formas jurídicas nessa estandardização do direito são fadadas ao insucesso, pois encontram em sua estrutura a sua própria fatalidade. O anúncio de um resgate das formas jurídicas e a proposta de novas forma é bastante plausível, mas a sua prática um desastre.

Um outro acesso à polêmica deste insucesso, entretanto, nos parece possível. O ponto fulcral que marca esta possibilidade é justamente aquele que aparece impensado no horizonte político ocidental, aquilo que exatamente possibilita a existência de algo como a política (algo como a *polis*): a exceção.

A constituição política ocidental é fundada sobre um espaço vazio, anômico, no qual, qualquer teorização não faz mais do que recobri-lo, um recobrimento incessante que revela a aguda crise em que o estudo das formas políticas e jurídicas estão arremetidas.

O intuito inicial deste estudo, que pretende lançar luz ao paradoxo anunciado, tem como ponto de partida o estudo da figuração do problema do poder e sua deslocação prototípica - que vai do poder soberania ao poder governo -, não simplesmente como domínio, mas como gestão. O entroncamento em que se encontra o poder tem laço direito com os problemas do direito, residindo aí o objeto inicial da proposta deste estudo que pretende retomar a discussão deste problema no diálogo entre dois grandes autores do século XX – Carl Schmitt e Walter Benjamin (o que nos remeterá por sua vez, previamente, à discussão sobre a soberania entre Carl Schmitt e Hans Kelsen e, posteriormente, entre Carl Schmitt e Jakob Taubes).

O autor que fornece o palco para a construção desta reflexão inicial é Giorgio Agamben que em seu livro *Estado de Exceção* dedica um capítulo ao confrontamento dos autores e que foi por ele denominado como *Lutas de Gigantes acerca de um Vazio*. O capítulo trata sobre o debate de Walter Benjamin e Carl Schmitt sobre o estado de exceção e seu dilema, compondo o autor a ideia de tentar ler a teoria da soberania de Carl Schmitt como uma resposta à crítica benjaminiana da violência no seu afamado *Crítica da violência: crítica do poder*.[251]

O dilema da exceção é fundante, pois coloca em confronto a racionalidade do direito que ao estipular regras de conduta vê-se confrontada pela dimensão da possibilidade da exceção. Esse é o campo em que se situam propriamente as relações entre direito e política, uma vez que o que compõe a exceção só pode ser uma positividade exterior à norma em cotejo com o ordenamento jurídico identificado como um sistema lógico de normas jurídicas. Regra e exceção são conceitos que no sentido prático evocam uma dimensão paradoxal que é revestida no trato de teoria do direito amplamente, ganhando o conceito de exceção uma gama semântica de enunciados.

Os institutos jurídicos que temos e que são compostos diretamente pelo signo da exceção, como o estado de defesa ou intervenção federal e estado de sítio, revelam a dificuldade de se ter clara e objetivada a vigência normal da ordem jurídica e as condições extraordinárias possíveis de sua realização, em outras palavras, os acontecimentos que geram e condicionam a suspensão legítima da ordem jurídica. Por trás dessa complexa situação paradoxal estão as relações entre validade, eficácia, vigência, legalidade, legitimidade e facticidade o que, dito de outro modo, também pode ser representado na relação entre o direito e a violência (força) e a própria instituição de uma ordem estatal (jurídica), pois com a exceção o direito revela que é constituído por uma dimensão paradoxal aberta para um espaço tanto interno quanto externo à lei e ao ordenamento.

Desse modo, a exceção representa a acepção moderna de soberania e revela a dimensão constitutiva em que se encontram Direito e Estado. A decisão excepcional tem em si uma dimensão política (soberana), pois alguém terá que ter legitimidade para decidir a suspensão da constituição e de suas garantias. No momento em que isto ocorre a própria decisão tem que se manter no âmbito das condições necessárias para a aplicação da ordem jurídica aos casos não excepcionais (normais), ficando dependente sempre a uma remissão ao direito. O

---

[251] BENJAMIN, Walter. Para uma crítica da violência. In *Escritos sobre mito e linguagem*. Trad.: Susana Kampff Lages e Ernani Chaves, São Paulo: Editora 34, 2011, pp. 121-156.

controle de uma situação de incontrolabilidade (exceção) é jurídico e ao mesmo tempo constitutiva do próprio direito.

Tudo isso nos remete à questão sobre o sentido constitutivo de uma ordem jurídica: o poder constituinte, seja em sua forma originária, seja em sua forma derivada. Este é, em si, o tema da questão jurídica da revolução.

Lançadas estas premissas iniciais, os elementos que irão compor a base investigativa quedam delimitados: investigar a exceção como categoria constituidora e configuradora da racionalidade jurídica; entender como a questão da exceção explicita propriamente a moderna soberania; expor realmente os problemas das relações entre direito e política; recolocar a questão jurídica da revolução; repensar o mitologema da soberania e construir uma crítica à formas jurídicas.

8.1.1. O ANTAGONISMO ENTRE KELSEN E SCHMITT

Em seu livro *Homo Sacer I*, Giorgio Agamben chama a atenção para a principal discussão jurídica posta sobre a exceção como estrutura da soberania. O confronto doutrinário entre a *Teoria Pura do Direito* de Hans Kelsen e a *Teologia Política* de Carl Schmitt.

> Se a exceção é a estrutura da soberania, a soberania não é, então, nem um conceito exclusivamente político, nem uma categoria exclusivamente jurídica, nem uma potência externa ao direito (Schmitt), nem a norma suprema do ordenamento jurídico (Kelsen): ela é a estrutura originária na qual o direito de se refere à vida e a inclui em si através da própria suspensão [...].[252]

O entrecruzamento da discussão sobre a soberania como uma potência externa ao direito ou como representada na norma suprema do ordenamento jurídico revela o conflito entre duas posições metodológicas da mais aclarada importância e atualidade. Enquanto em Kelsen o positivismo jurídico se mostra como satisfeito na noção pressuposta categorial da imputação, da norma estatal e do dever-ser, além do descompromisso com o plano da facticidade causal - compondo um sistema lógico de regras escalonadas hierarquicamente, num plano ideal de perfeita consistência, coerência e completude -, em Schmitt temos a exceção que constitui e explica o próprio direito, sendo no momento da decisão em que se manifesta a essência do jurídico.

---

[252] AGAMBEN, Giorgio. *Estado de exceção*. Trad: Iraci D. Poleti, São Paulo: Boitempo, 2004, p. 35.

A indicação de Agamben é sintomática e seu adequado desenvolvimento e compreensão nos leva a dedicarmos esforços no diálogo implacável entre Schmitt e Kelsen.

Dois textos de Kelsen são fundamentalmente relevantes para esta investigação, são eles: *O problema da soberania e a teoria do direito internacional. Contribuição para uma doutrina pura do direito*[253], publicado em 1920 e *Deus e Estado*[254] publicado no tomo II da *Logos (Internationale Zeitschrift für Philosophie der Kultur)* em 1922/1923.

Logo no início do texto de Kelsen sobre o problema da soberania, este reconhece no conceito de soberania um conceito bem difícil e controverso da doutrina do direito público que desde sua origem passou por inúmeras controvérsias relativas à sua definição. A pesquisa dedicada à história dogmática da soberania mostra que desde o início o conceito de soberania é fruto de um inadmissível sincretismo metódico. De qualquer modo, o fenômeno da soberania somente é compreendido segundo categorias jurídicas quando posto em conexão com o Estado e - na linha kelseniana - com o ordenamento jurídico.

Este sincretismo, entretanto, não quer dizer que se deve afastar o conceito de soberania da ciência jurídica, mas, ao contrário, que se deve realmente reconhecer seu sentido de verdade. Segundo Kelsen é substancialmente errada a ideia de *"eliminar o conceito de soberania da moderna doutrina do direito e do estado somente porque um dos seus muitos significados - que sem nenhuma razão é retido como o único justo, como 'autêntico', in genere aquele do poder absoluto e ilimitado do Estado - não se concilia com o moderno conceito do Estado de direito"*.[255]

---

253 KELSEN, Hans. *Il problema della sovranità e la teoria del diritto internazionale. Contributo per una dottrina pura del diritto.* Trad.: Agostino Carrino, Milano: Giuffrè Editore, 1989.

254 KELSEN, Hans. Dios y estado. In *El otro Kelsen.* Óscar Correas (org.), trad.: Jean Hennequin, México: Universidad Nacional Autónoma de México, 1989, pp. 243-266.

255 KELSEN, Hans. *Il problema della sovranità e la teoria del diritto internazionale*, cit., p. 7. "[...] *eliminare il concetto di sovranità dalla moderna dottrina del diritto e dello Stato sol perché uno dei suoi molti significati – che senza nessuna ragione profonda si ritiene l'unico giusto, quello 'autentico', in genere quello del potere assoluto e illimitato dello Stato – non si concilia con la moderna concezione dello Stato di diritto* [...]". Salvo indicação em contrário, todas as traduces são nossas.

Compreendendo o suporte teórico que o conceito de soberania provocou para postulados práticos, Kelsen procura aplica-la ao seu modelo de *purificação*, metodologicamente, se portando como um conceito inserido no âmbito normativo do direito, excluído de qualquer acepção científica ou ideológica de outra natureza, como: política, sociológica, psicológica etc. Somente é soberana a norma suprema, aquela instância normativa que não pode ser logicamente derivada de nenhuma outra norma, mas que oferece o suporte pressuposicional. A relação da soberania com um homem - o soberano - é posta na medida em que pressupõe uma norma como suprema e uma atividade suprema vinculada à norma estatal. Em outras palavras, soberana é somente a norma e soberano é o homem que comanda somente nessa medida em que se pressupõe a norma como suprema. Pressupor a norma ou um sistema normativo, um ordenamento, como supremo é uma metáfora de uma determinada qualificação lógica daquele ordenamento que tem a propriedade de não ser ulteriormente derivável.[256]

A grande questão da soberania em Kelsen é que ela é vinculada, verdadeiramente, como dependente do ordenamento jurídico e não como usualmente tentou se definir, como um fato real da natureza que pode ser conhecida pela via indutiva com a observação daquelas *fattispecie* reais que se mostram no mundo sensível.[257]

Passando pelo *purificação* metodológica kelseniana o *"[...] o Estado soberano é um ordenamento supremo, que não deriva de nenhum outro ordenamento superior ou que se pressupõe supremo"*.[258] Resta patente assim a força metodológica e a influência kantiana da teoria pura do direito.

No texto *Deus e Estado* Kelsen inicia fazendo a instigante referência de como o problema religioso e o problema social apresentam um notável paralelismo. A vivência social se manifesta na consciência do indivíduo como vinculada a outros seres, o que, em desenvolvimento gerará a representação de uma subordinação e dependência do próprio

---

256 KELSEN, Hans. *Il problema della sovranità e la teoria del diritto internazionale*, cit., p. 14

257 KELSEN, Hans. *Il problema della sovranità e la teoria del diritto internazionale*, cit., p. 14

258 KELSEN, Hans. *Il problema della sovranità e la teoria del diritto internazionale*, cit., p. 18. "[...] lo Stato sovrano è un ordinamento supremo, che non deriva da nessun altro ordinamento superiore o che si presuppone supremo".

eu, o que corresponde necessariamente a representação complementar de uma autoridade que institui o engendramento social.[259]

Nesse sentido, Deus e Estado são os atores principais da representação social. Se lhe retiram as máscaras, tais representações - religiosa ou social - da esfera política o que acontece é que deixa de ser Deus aquele que recompensa e castiga e deixa de ser o Estado aquele que condena e faz a guerra: "*são homens que exercem violência sobre outros homens, é o senhor x quem triunfa sobre o senhor e, ou uma besta que aplaca seu apetite sanguinário revivido*".[260] Metodologicamente, retirar as máscaras é o ponto em que se apoia a biologia e a psicologia orientadas pelas ciências naturais, porém, tal enfoque não leva em conta nem religião, nem nação, nem estado.

Se a sociedade for concebida como mera ideologia, em tal caso, a religião constitui tão somente uma ideologia social particular, originariamente idêntica a essa ideologia social que pode designar-se, em sentido mais lato, com a palavra Estado. Nesse exercício de raciocínio as representações de Deus e Estado coincidem plenamente. Somente aos poucos, em especial com o desenvolvimento da religião cristã, que se produz uma separação do conceito de Deus em relação à comunidade nacional. Constitui-se assim, uma ideia de Deus supranacional que se aproxima, de forma idêntica, ao gênero humano, social, a de uma sociedade supraestatal.

Não é à toa que no texto *O problema da soberania e a teoria do direito internacional*, pode se afirmar que a soberania dos ordenamentos jurídicos nacionais é absorvida e diluída normativamente no direito público internacional e no ordenamento jurídico global.

A figura "Estado" criada pela ciência jurídica com o objetivo de encarnar a unidade do sistema jurídico, vem hipostasiada na forma usual e contraposta, como ente particular, ao direito, trata-se exatamente da mesma problemática ou pseudo-problemática que envolve o caso da teologia. A teologia, afirma Kelsen, somente pode manter-se como disciplina distinta da ética ou das ciências naturais, na medida em que existe uma firme convicção na transcendência de Deus com relação ao mundo; da mesma forma somente é possível uma teoria do Estado distinta da teoria do direito, na medida em que se crê na transcendência do

---

259 KELSEN, Hans. *Dios y estado*, cit., p. 243.

260 KELSEN, Hans. *Dios y estado*, cit., p. 250. *"son hombres quienes ajercen violencia sobre otros hombres, es el señor x quien triunfa sobre el señor y, o una bestia la que alpaca su apetito sanguinario revivido*

Estado com relação ao direito, na existência, ou melhor dizendo, na pesudo-existência, de um Estado metajurídico, situado acima do direito.[261]

> O que costuma considerar-se como característica essencial do Estado, a soberania, no fundo não significa outra coisa senão que o Estado é o poder supremo - o qual não pode se definir mais que em forma negativa, é dizer, pelo fato de que não está subordinado a nenhum poder superior, de que não deriva de, nem está limitado por nenhum poder superior. Na teologia, também enfatizar a transcendência de Deus conduz a descrever sua essência com predicados negativos. O conceito de soberania próprio do direito público, deveria prestar-se perfeitamente a um uso de acordo com os fins da teologia, já que nele somente se expressa a absolutização do objeto. Sem que se tivesse mais a mínima consciência da correlação com a teologia, a jurisprudência tem reconhecido que o Estado, na medida em que é declarado soberano, voltado como absoluto, pressuposto como ser jurídico dotado de absoluta supremacia [...] Quando a soberania do Estado é interpretada como poder, não se trata senão de este mesmo poder que toda teologia afirma como essência de seu Deus e que, levado a classe de omnipotência absoluta, é proclamado também pelo Estado, ainda que, num princípio, unicamente num sentido normativo [...].[262]

Nesse trajeto é que Kelsen defende o fato de um Estado todo poderoso, ilimitado e soberano, terminar, sem embargo, por converter-se em um ser jurídico, numa pessoa de direito que ao se submeter à ordem jurídica e extrair desta seu poder, já não pode ser soberana, se é que ao conceito de soberania se pretende, assim, conservar algum sentido. Uma metamorfose do Estado como poder ao Estado como direito, que deve ser tratado como unidade, pois o dualismo Estado-Direito representa não somente uma contradição lógica e sistemática, mas também a fonte de um abuso político-jurídico.

---

261 KELSEN, Hans. *Dios y estado*, cit., pp. 253-254.

262 KELSEN, Hans. *Dios y estado*, cit., p. 254. *"Lo que suele considerarse como característica esencial del Estado, la soberanía, en el fondo no significa otra cosa sino que el Estado es el poder supremo - lo cual no puede definirse más que en forma negative, es decir, por el hecho de que no está subordinado a ningún poder superior, de que no se deriva de, ni está limitado por ningún poder superior. Na teologia, asimismo, hacer hincapié en la trasncendencia de Dios conduce a describir su esencia con predicados negativos. El concepto de soberanía propio del derecho publico, debería prestarse perfectamente a un uso acorde a los fines de la le teologia, la jurisprudencia ha reconocido que el Estado, en la medida en que es declarado soberano, vuelto absoluto, presupuesto como ser jurídico dotado de absoluta supremacia [...] Cuando la soberanía del Estado es interpretada como poder, no se trata sino de este mismo poder que toda teologia afirma como esencia de su Dios y que, elevado al rango omnipotente absoluta, es proclamado también por el Estado; aunque, en un principio, unicamente en un sentido normativo.*

As reflexões de Kelsen ainda continuam num paralelismo na figura do conceito de pessoa pela teoria teológica da alma com a teoria jurídica da pessoa e entre o ateísmo e o anarquismo, que além de reforçar seu ponto de partida, também articula o sentido conclusivo de seu texto: o de que uma teoria pura do Estado, desintegra o conceito de um Estado distinto do direito, sendo a teoria de um Estado sem Estado e por mais paradoxal que possa parecer, somente desta maneira que a teoria do direito e do Estado abandonam o nível da teologia para ascenderem ao nível da ciência moderna.

Na teoria pura do direito a redução do conceito suprajurídico de Estado ao conceito de direito é o pré-requisito imprescindível para o desenvolvimento de uma autêntica ciência jurídica como ciência do direito positivo depurada de todo direito natural. *"Tal é o objetivo da teoria pura do direito que é simultaneamente a teoria pura do Estado, porque toda teoria do Estado somente e possível como teoria do direito do Estado, e vice versa todo direito é direito do Estado, porque todo Estado é Estado de direito"*.[263]

No pensamento de Carl Schmitt, o que se passa quanto ao conceito de soberania, teoricamente, é ao contrário.

A soberania tem ínsita em si a exceção e não pode ser entendida a partir da regularidade da norma. A *purificação* kelseneana aqui de forma algum se opera, a soberania não está fora do âmbito do fato real da natureza ou da política, mas numa borda situada entre o ordenamento jurídico e a política, num sentido não jurídico.

Exatamente nesse domínio limítrofe que ela instaura o seu elemento essencial: a decisão.

> Soberano é quem decide sobre o estado de exceção. Somente esta definição pode ser justa para o conceito de soberania como conceito limite. Pois conceito limite não significa conceito confuso, como na impura terminologia da literatura popular, senão conceito da esfera mais estrema. A ele corresponde que sua definição não possa conectar-se ao caso normal, senão ao caso limite [...] Uma razão sistemática lógico-jurídica faz do estado de exceção em sentido eminente a definição jurídica da soberania. Pois a decisão sobre a exceção é decisão em sentido eminente. Com efeito, uma norma geral, a representada, por exemplo, num princípio jurídico válido normal,

---

[263] KELSEN, Hans. *Dios y estado*, cit., p. 266. *"Tal es el objetivo de la teoria pura del derecho que es simultáneamente la teoria pura del Estado, porque toda teoria del Estado solo es possible como teoria del derecho del Estado, y viceversa todo derecho es derecho del Estado, porque todo Estado es Estado de derecho".*

nunca pode captar uma exceção absoluta nem, portanto, fundar a decisão a decisão de que está dado um caso excepcional autêntico.[264]

A frase que inicia a citação referida é basicamente a célebre fórmula que resume o decisionismo de Schmitt. O soberano é aquele a quem o ordenamento jurídico confere a legitimidade de decidir sobre a suspensão total ou parcial das garantias constitucionais e dos direitos fundamentais, podendo até mesmo decidir sobre a suspensão total ou parcial da constituição.

Para Schmitt o normal nada prova, já a exceção, demonstra tudo, não só confirma a regra, senão que a regra só vive graças a ela. A exceção, nesse sentido, perturba a unidade e a ordem do esquema racionalista pensado por Kelsen.

A inversão se opera da seguinte forma: o estado de exceção é um vácuo normativo que não deve ser considerado pelo jurista como um pressuposto - uma condição lógico-transcendental -, mas uma condição extraordinária que precede a ordem. A decisão sobre o estado de exceção cria a condição efetiva para aplicação de normas - não num sentido de uma existência lógica pressuposta, para a validade e sentido de ordenamentos jurídicos.

É uma ordem garantida sem o direito. O estado de exceção tem uma estrutura antinômica, pois tem origem na legitimidade normativa do soberano para suspender a ordem jurídico-constitucional, no todo ou em parte, assim, nessa situação, a constituição aplica-se, desaplicando-se. Por essa razão para Schmitt a essência da soberania somente se revela na - e pela - exceção, estando o soberano, ao mesmo tempo, dentro e fora do ordenamento jurídico.

---

264 SCHMITT, Carl. *Teología política*. Trad.: Francisco Javier Conde e Jorge Navarro Pérez, Madrid: Editorial Trotta, 2009, p. 13. *"Soberano es quien decide sobre el estado de excepción. Sólo esta definición puede ser justa para el concepto de soberanía como concepto límite. Pues concepto límite no significa concepto confuso, como en la impura terminología de la literatura popular, sino concepto de la esfera más extrema. A él corresponde que su definición no pueda conectarse al caso normal, sino al caso límite. De lo que sigue se verá que aquí por «estado de excepción» se entenderá un concepto general de la doctrina del Estado, no un decreto de necesidad cualquiera o Un estado de sitio. Una razón sistemática lógico-jurídica hace del estado de excepción en sentido eminente la definición jurídica de la soberanía. Pues la decisión sobre la excepción es decisión en sentido eminente. En efecto, una norma general, la representada, por ejemplo, en un principio jurídico válido normal, nunca puede captar una excepción absoluta ni, por tanto, fundar la decisión de que está dado un caso excepcional auténtico [...]"*

Esse antagonismo entre Kelsen e Schmitt é um profundo e profícuo campo de exploração. A investigação dos interstícios destes pensadores tem refletido na filosofia juspolítica de Giorgio Agamben uma relevante contribuição crítica sobre os direitos humanos, sua função e efetividade nos tempos atuais, bem como da própria democracia, pois o surgimento da soberania moderna está indelevelmente marcado pela emergência dos estados-nação, das democracias ditas liberais e de todo o movimento do constitucionalismo - ampliado sobremaneira no pós-guerra - na faceta das declarações de direito e dos direitos fundamentais e suas restrições. Como bem aponta Oswaldo Giacoia Jr., nesse movimento há de se levar principalmente em conta que o conceito jurídico-político da cidadania é figura gêmea da soberania, pois o binômio nascimento/nação é o dispositivo que, como operador biopolítico, promove a inscrição da vida na esfera da decisão soberana da autoridade estatal.[265]

8.1.2. A FILOSOFIA DE WALTER BENJAMIN COMO ANTÍPODA DO PENSAMENTO DE KELSEN E SCHMITT

Na polêmica discussão clássica colocada entre Kelsen e Schmitt, Agamben propõe uma reflexão a par das duas teorias: o decisionismo e o positivismo jurídico. Para Agamben o ponto fulcral não seria propriamente a questão de se propor um desafio ou mesmo uma superação para além delas, mas mostrar como ambas as teorias se aproximam no esforço de demonstrar a racionalidade jurídica permeada pela violência. Para Kelsen o direito não pode subsistir sem o poder; em Schmitt a inscrição da exceção revela a própria insígnia da soberania, do poder.

Como já reportado, para Agamben a exceção é a estrutura da soberania, a estrutura originária na qual o direito se refere à vida e a inclui em si através da própria suspensão. A constituição da esfera política da decisão soberana, consistente no direito de vida e morte, direito de fazer morrer ou deixar viver, é o fato jurídico primordial e a exceção é a estrutura originária na qual o direito se refere à vida e a inclui em si através de sua própria suspensão.[266] Tais afirmações evidenciam como a interpretação dominante do contrato social e da lógica da sobera-

---

265 GIACOIA JUNIOR. Oswaldo. Sobre direitos humanos na era da bio-política. In *Kriterion*, Belo Horizonte, n. 118, Dez. 2008, pp. 281 e segs.

266 AGAMBEN, Giorgio. *Homo sacer: o poder soberano e a vida nua I.* Trad.: Henrique Burigo, 2 ed., Belo Horizonte: Editora UFMG, 2010, cit., p. 35.

nia – como fundamento racional de legitimidade do poder político - perde consideravelmente sua força de convencimento. Em conta disso, Agamben retomando uma sugestão de Jean Luc-Nancy chama de *bando*[267] a esta potência, no sentido próprio da *dynamis* aristotélica, da lei de manter-se na própria privação, de aplicar-se, desaplicando-se. O *bando* é fundamentalmente uma *exceptio* e, como tal, insígnia da soberania, cujo paradoxo se enuncia na esteira da tese schmittiana: o soberano está, ao mesmo tempo, dentro e fora do ordenamento jurídico.[268]

Dessa forma, pode-se denominar *"bando (do antigo termo germânico que indica tanto a exclusão da comunidade quanto a insígnia do soberano) esta estrutura original da lei, através da qual esta se conserva inclusive na própria suspensão e se aplica também àquilo que exclui de si, que abandonou, isto é, que baniu."*[269]

O autor que Agamben apresenta como referencial para a investigação oposta às teorias tradicionais apresentadas é Walter Benjamin. Para ele a violência é uma figura resistente às estratégias colonizadoras do direito de tal forma, que pensar um violência pura equivale a pensa-la emancipada, sem relação com as categorias - formas - do direito, uma vez que o direito em sua forma histórica se apresenta desde sua origem como um dispositivo sangrento, de barbárie, que assegura paradoxalmente ao mesmo tempo dominação e inclusão.

O ensaio de Benjamin *Kritik der Gewalt*[270], para tanto, é decisivo. Neste ensaio Benjamin apresenta contraposições ao pensamento de Schmitt, em especial, expondo diferenciações da ditadura proposta por Schmitt às modalidades de violência propostas por Sorel, tendo como pano de fundo o mesmo problema, a saber: o da racionalidade jurídica tradicional.

---

267 A partir do conceito de bando, chega-se ao conceito de banimento, isto é, a expulsão – a *ex-clusão* – do integrante para fora do laço social.

268 AGAMBEN, Giorgio. *Homo sacer: o poder soberano e a vida nua I*, cit., p. 22.

269 AGAMBEN, Giorgio. *La Potenza del Pensiero. Saggi e conferenze*. Vicenza: Néri Pozza Editore, 2005, pp. 253-254. *"bando (dall'antico termine germanico che indica tanto l'esclusione dalla comunità che l'insegna del sovrano) questa struttura originale della legge, attraverso la quale essa si conserva anche nella propria sospensione e si applica anche a ciò che ha escluso da sé, che ha abbandonato, cioè messo al bando."*

270 Conforme nota da tradução a palavra alemã *Gewalt*, dada sua ambiguidade, por vezes é traduzida por 'violência' e por outras por 'poder'.

A primeira publicação do ensaio de Benjamin se deu em agosto de 1921 nos *Archiv für Sozialwissenschaft und Sozialpolitik*.[271] A exposição é guiada pelas relações entre violência, direito e justiça. O caminho do autor perpassa tanto a doutrina do Direito Natural - na sua justificação dos meios pelos fins justos - quanto àquela do Direito positivo - que impetra a crítica da legitimidade dos meios. Após análises de relações jurídicas da Europa de seu tempo (direito de greve, direito de guerra), Benjamin aponta o sempre e constante nó que entrelaça direito e violência, expondo, sem reservas, numa perspectiva dialética, a presença da violência como instituidora e como conservadora do direito.

> Toda violência como meio é ou instauradora ou mantenedora do direito. Se não pode reivindicar nenhum desses predicados, ela renuncia por si qualquer validade. Daí resulta que toda violência como meio, mesmo no caso mais favorável, participa da problemática do direito em geral. E mesmo nesta altura da investigação, não se possa enxergar com certeza o alcance dessa problemática, o direito, depois do que foi dito, aparece sob uma luz ética tão ambígua, que se impõe naturalmente a pergunta se não existiriam outros meios, não-violentos, para a regulamentação dos interesses humanos em conflito. A pergunta obriga, sobretudo, a constatar que uma resolução de conflitos totalmente não violenta, jamais pode desembocar num contrato de direito. Mesmo que este tenha sido firmado pelas partes contratantes de maneira pacífica, o contrato leva, em última instância, a uma possível violência.[272]

Benjamin procura abrir, a partir de então, o caminho para uma terceira figura chamada por ele de violência divina ou pura (ainda, segundo o autor "poder revolucionário, termo pelo qual deve ser designada a mais alta manifestação do poder puro, por parte do homem"). Na complexidade desta violência irrelacional – além do direito, que rompe o estatuto dialético da instauração/conservação do direito – estaria a possibilidade a fundamentação de uma nova época histórica.

A resposta a este pensamento de Benjamin é a investidura de Carl Schmitt em seu *Teologia Política*.

Com a ação decisória do soberano - a violência soberana - que instaura um estado de exceção, no qual a lei é suspensa e ao mesmo tempo conservada através mesmo da sua suspensão, Schmitt pretende

---

[271] Ressalta-se que o *Teologia Política I* de Schmitt foi publicado em março de 1922, sete meses após a publicação do texto de Benjamin.

[272] BENJAMIN, Walter. Para uma crítica da violência. In *Escritos sobre mito e linguagem*. Trad.: Susana Kampff e Ernani Chaves, São Paulo: Editora 34, 2011, pp. 136 e 137.

combater aquela violência divina da crítica benjaminiana. Isto porque, àquela desconexão absoluta em face ao direito da violência pura, a soberana fixa justamente o contrário na forma da imprescindibilidade da decisão por um soberano. Dito de outro modo, por mais que no estado de exceção aquilo que é interno e o que é externo, lei e natureza, violência que põe e violência que conserva o direito fiquem indiscerníveis, sempre haverá aquele que decide tais limites e, portanto, nesta decisão, se mantém o elo entre violência e direito.

Em Schmitt a decisão soberana possibilita uma eterna conexão entre lei (direito) e anomia (um fora do direito), sendo sua figura extrema no ordenamento jurídico, o soberano.

No texto *A Origem do Drama Barroco Alemão,* Benjamin, ao fazer referência a definição schmittiana do soberano, substitui o termo 'decidir' por 'excluir', de modo que a figura do soberano, que em Schmitt *decidiria* a exceção, agora seria a responsável pela *exclusão* da conexão entre direito e estado de exceção. Benjamin separa o poder soberano de seu exercício: "*Se, para Schmitt, a decisão é o elo que une soberania e estado de exceção, Benjamin, de modo irônico, separa o poder soberano de seu exercício e mostra que o soberano barroco está, constitutivamente, na impossibilidade de decidir.*"[273]

Em Benjamin não há a possibilidade de uma conexão direito/anomia. A proposta de Benjamin de uma nova época está na oitava tese sobre filosofia da história - publicada pelo Instituto de Pesquisas Sociais dois anos após a morte do autor:

> A tradição dos oprimidos nos ensina que o 'estado de exceção' em que vivemos é a regra geral. Precisamos construir um conceito de história que corresponda a essa verdade. Neste momento, perceberemos que nossa tarefa é originar um verdadeiro estado de exceção; com isso, nossa posição ficará mais forte a luta contra o fascismo [...]".[274]

Benjamin, numa completa destruição da proposta de Schmitt, pretende livrar qualquer possível relação entre direito e anomia com a ideia de um *verdadeiro* estado de exceção. Buscando a abertura para um novo tempo histórico, ele constata no Reich alemão de 1940 a fundição entre direito e anomia da qual o jurista alemão tentava escapar.

---

273 AGAMBEN, Giorgio. *Estado de Exceção*, cit., p. 87.

274 BENJAMIN, Walter. *Magia e técnica, arte e política: ensaios sobre literatura e histórica da cultura.* 7 ed., São Paulo: Brasiliense, 1994, p. 226

Duas experiências específicas deste verdadeiro estado de exceção benjaminiano podem ser pensadas no horizonte articulado por Benjamin. A primeira seria em cotejo ao pensamento de Carl Schmitt e George Sorel. Aprofundar a diferenciação benjaminiana com relação à ditadura de Schmitt pelas noções de violência de Sorel nos leva à questão da greve geral e a deposição da soberania. A segunda seria no cotejo de seu pensamento messiânico e a revelação, a partir de Paulo, apóstolo, de uma categoria que nos chama profundamente atenção, a deposição da lei messiânica pela graça.

O direito, para Benjamin, tem a mesma natureza da violência mítica. Possui uma natureza de meio sangrento e o Estado, nesta linha, é a forma juridicamente racionalizada da violência e da alienação. Com apoio em Agamben e a reverberação de sua investigação sobre Benjamin e Schmitt, pode ser lançada também, por esta via, a projeção de uma instância crítica aos direitos humanos.

A admissão atual de que não há como negar que a exceção virou regra nos impõe a tarefa de pensar um aproveitamento estratégico do estado de exceção.

A outra, cujas abordagens anteriores proficuamente poderão indicar, é a de se pensar uma *superação das formas jurídicas*, uma tarefa para o futuro, uma profanação do direito para uma liberação e invenção de novos usos. O brincar com o direito e invocar ao máximo uma aposta de estudo rigoroso e teórico, não prático, uma profanação correspondente ao que Benjamin pensava como deposição do direito e sua liberação para uma pura condição medial. Um direito que sobreviveria à sua própria deposição, profanado para um novo uso, comparável ao que acontece com a lei após a deposição messiânica e com a soberania na greve geral.

8.1.3. VIOLÊNCIA E POLÍTICA

No ano de 1970, vinte anos depois da publicação do ensaio de Benjamin sobre a crítica da violência e mais de sessenta anos da aparição do *Reflexões sobre a violência* de Georges Sorel, Agamben lança seu texto *Sobre os limites da violência*. É um texto anterior a sua obra-projeto *Homo Sacer*, mas sua proposta – como ele mesmo define – permite uma nova meditação acerca dos problemas dos limites e significado da violência.

O tom do texto se pauta no fato de que as ideias de Benjamin e Sorel não são mais suficientes para o enfrentamento da violência, pois estes sequer poderiam imaginar como a sociedade caminhou para possibilidade de uma destruição instantânea do gênero humano.

O deslocamento do eixo de uma crítica da violência da exposição da sua relação com o direito e a justiça – tarefa à qual se propôs Benjamin – para ua exposição de sua relação com a política.

É na relação ambígua da violência com a política que surge, segundo Agamben, os limites da própria violência. De tal modo que a única violência que ainda existiria na escala humana é a chamada violência revolucionária.

Para os gregos a noção de *peitharkhia* exprime a característica essencial da vida política: o poder de persuasão. Tanto é que o termo *polis* designa um estilo de vida fundado na palavra e não na violência, de tal forma que ser político - viver na *polis* - é a base do princípio de que tudo deveria ser decidido pela persuasão da palavra ao invés da força e da violência.[275]

Ocorre que, com o passar do tempo, a filosofia grega entra em conflito com a esfera política na qual a verdade começa a perder o poder de persuasão e a experiência da exposição da violência nas relações sociais também afeta toda a base de seu pensamento filosófico. Atualmente, cientes de que os filósofos gregos estavam certos em suspeitar que a verdade na política não poderia completamente persuadir contra a violência, encontramos ainda uma proliferação de uma forma de violência completamente desconhecida dos gregos, enquanto mais e mais mentiras são introduzidas na esfera política.

Atualmente, a introdução da violência no âmbito da própria linguagem é um fato determinante para se entender que a violência, em termos de linguagem, não é mais limitada à esfera política, pois adentrou no diário reino do *divertissements* humano.

Os exemplos de Agamben são a explosão da pornografia, a expressão poética e a propaganda.

Em relação à pornografia, a partir do séc. XVIII, é interessante como determinadas expressões linguísticas em um certo contexto podem produzir sobre quem as percebem um efeito que resta subtraído de sua vontade, já que seu efeito age sobre o patrimônio instintivo do corpo humano, passa por cima da vontade e opera aquela redução do homem à natureza – procedimento típico da violência – que é a excitação erótica. Em outras palavras, o fascínio da pornografia é precisamente a aparição da violência no reino mesmo da não-violência, isto é, na linguagem.

---

275 AGAMBEN, Giorgio. *On the limits of violence*, cit., p. 104.

Essa característica está, de algum modo, presente também na expressão poética.

> Não é por acaso que, durante os mesmos anos em que Sade formulava o seu projeto de uma multiplicação universal da violência, Hölderlin (que é apenas o primeiro de uma longa série de poetas que se serviriam de imagens de violência para descrever sua experiência da poesia) falava da violência da palavra trágica como aquilo "que dá a morte, porque o corpo que ela aferra realmente mata". A descoberta de que, em certa medida, o uso da violência é parte integrante da linguagem poética pode, além disso, ser percebida em Platão. É curioso notar como o fundamento do tão discutido ostracismo por ele imposto aos poetas raramente tenha sido compreendido, embora seja, em certo sentido, perfeitamente explícito. Tal fundamento repousava na convicção de que a persuasão não podia em circunstância alguma tornar-se violenta. É esse o pressuposto da teoria socrática que define como *maiêutica* (arte da parteira) o caráter mais autêntico da livre relação lingüística entre os seres humanos. A maiêutica é incompatível com a violência, porque a violência, como irrupção do exterior que tem por efeito imediato a negação da liberdade daquele sobre quem é exercida, de modo algum pode trazer à luz a espontaneidade criativa interior da sua vítima, mas tão somente a sua nua corporeidade. Exatamente porque a poesia efetuava uma forma de persuasão que não dependia da sua relação com a verdade, mas da sua peculiar eficácia emotiva, ligada ao ritmo e à música – e agia, então, de algum modo, violenta e corporalmente –, Platão se viu forçado a banir os poetas da sua cidade.[276]

Por fim, o ponto alto seria a invenção da propaganda. Ela é capaz de cavar mesmo um abismo entre nossa experiência política com a grega, pois nela a persuasão pode tornar-se violência, uma vez que encontra-se – em muitos casos – desvinculada da livre relação linguística entre dois seres-humanos.

Assim, traçando uma abordagem a partir de Sade até a noção de violência sacra, Agamben utiliza o pensamento de Marx na explícita conexão entre a experiência proletária da revolução e a habilidade de se recomeçar a história, surgindo daí o conceito de violência revolucionária.

> A violência revolucionária não é uma violência de meios, que visa o fim justo de negar o sistema existente. Em vez disso, é uma violência que nega o eu como nega o outro; desperta a consciência da morte de si mesmo, ao mesmo tempo que visita a morte do outro. Só a classe revolucionária pode saber que praticar violência contra o outro inevitavelmente mata o eu; só a classe revolucionária pode ter o direito (ou talvez o terrível imperativo) da violência. Como a violência sagrada antes dela, a violência revolucionária pode ser descrita como paixão, em seu sentido etimológico: autonegação e

> autossacrifício. Visto desta perspectiva, fica claro que a violência repressiva (que faz cumprir a lei) e a violência delinquente (que desafia a lei) não são diferentes da violência que visa estabelecer novas leis e novos poderes: em cada caso, a negação do outro não consegue tornar-se negação de si mesmo. A violência executiva é fundamentalmente impura, independentemente de seu objetivo - como a sabedoria convencional reconhece, difamando tanto o carrasco quanto o policial - porque sempre exclui a única esperança de redenção, recusa-se a negar a si mesmo ao negar o outro [...][277]

A ideia de uma violência revolucionária apresenta uma violência que nega a si mesma, uma vez que nega o outro, ela desperta a consciência da morte do eu, mesmo quando atinge a morte do outro, de tal forma que somente "a classe revolucionária" sabe que decretar a violência contra o outro, inevitavelmente, é matar a si mesmo.

Como no ambiente da violência sagrada, a violência revolucionária pode ser descrita no sentido de uma autonegação e de um autossacrifício e, quando vista a partir dessa perspectiva, torna-se claro que a violência repressiva (que cumpre a lei) e a violência delinquente (que desafia a lei) não são diferentes da violência que visa estabelecer novas leis e novo poder, pois, em cada caso, a negação do outro falha, tornando-se negação de si mesmo.

A violência revolucionária deve ser entendida na relação com a morte, algo que permite aproximar a violência revolucionária da cultura, uma vez que toda cultura aspira superar a morte, todo o pensamento, conhecimento, escritos da humanidade forma criados para se entrar em paz com a morte, sendo esta a base que nos inclina a separar vio-

---

277 AGAMBEN, Giorgio. *On the limits of violence*, cit., p. 108. No original: "Revolutionary violence is not a violence of means, aimed at the just end of negating the existing system. Rather, it is a violence that negates the self as it negates the other; it awakens a consciousness of the death of the self, even as it visits death on the other. Only the revolutionary class can know that enacting violence against the other inevitably kills the self; only the revolutionary class can have the right (or perhaps, the terrible imperative) of violence. Like sacred violence before it, revolutionary violence can be described as passion, in its etymological sense: self-negation and self-sacrifice. When seen from this perspective, it becomes clear that repressive violence (which enforce law) and delinquent violence (which defies law) are not different from the violence aimed at establishing new laws and new power: in each case, negation of the other fails to become negation of the self. Executive violence is fundamentally impure, regardless of its objective – as conventional wisdom recognizes, vilifying both the hangman and the cop – because it always excludes the only hope of redemption, it refuses to negate the self as it negates the other [...]."

lência e linguagem, e porque a ideia da cultura é nos reconciliar com a morte que a cultura pode ir além sem negar a si mesma.

Dessa forma, a violência revolucionária ocorre na realização impressionante da unidade indissolúvel de vida e criação, morte e negação, e tal realização só pode ocorrer em uma esfera além da linguagem, que radicalmente perturba e priva a humanidade. Na realidade, como uma experiência de autonegação, a violência revolucionária é, por excelência, o indizível - *arrheton* - que perpetuamente esmaga a possibilidade da linguagem e ilude todas as justificações.[278]

> É precisamente indo além da linguagem, negando o eu e os poderes da fala, que a humanidade ganha acesso à esfera original na qual o conhecimento do mistério e da cultura se separa, permitindo que palavras e ações gerem um novo começo. No alvorecer de toda história que visa garantir a segurança e fazer as pazes com a morte, deve estar escrito: ‹No início, havia a palavra.› No alvorecer de toda nova ordem temporal, porém, será escrito: ‹No começo, havia a violência. Este é tanto o limite quanto a verdade insuprimível da violência revolucionária ‹[...] a violência revolucionária se lança no Absoluto, validando a observação de Hegel de que a representação mais profunda da verdade está contida na imagem violenta do ‹bacanal bacanal em que nenhum membro não está bêbado ‹.[279]

Pensar sobre uma violência revolucionária aproxima-nos da experiência de uma analítica da existência e da possibilidade de articulação de uma crítica às formas jurídicas. Para tentar dar cabo de iniciar sta crítica, teoricamente, na sequência apresentaremos uma abordagem que remete ao sentido do que nos constitui enquanto humanos e uma possibilidade de encontrar no jogo a ideia de enfrentar a lógica entre o meio e o fim.

---

278 AGAMBEN, Giorgio. *On the limits of violence*, cit., p. 109.

279 AGAMBEN, Giorgio. *On the limits of violence*, cit., p. 109. No original: "It is precisely by going beyond language, by negating the self and powers of speech, that humanity gains access to the original sphere the knowledge of mystery and culture breaks apart, allowing words and deeds to generate a new beginning. At the dawn of every history aimed at ensuring security and making peace with death, it shall be written: 'In the beginning, there was the word.' At the dawn of every new temporal order, however, it shall be written: 'In the beginning, there was violence. This is both the limit and the insuppressible truth of revolutionary violence' [...] revolutionary violence casts itself into the Absolute, validating Hegel's observation that the most profound representation of truth is contained in the violent image of the 'Bacchanalian revel in which no member is not drunk".

9. DIREITO E JOGO

No esforço envolvente do exercício de uma investigação que insiste em retornar na busca da gênese daquilo que nos acomete, constitutivamente, como seres humanos, acabamos por constatar que o modo com o qual tem-se assumido a noção do humano - enquanto ser -, obstaculiza um acesso mais profundo da própria investigação, capturando-nos numa teia cuja uma das pontas é o estabelecimento da dicotomia moderna ocidental entre homem e animal.

Essa ponta tem sido pensada pela filosofia desde sua origem e o desenvolvimento de sua história leva para muitos caminhos que, em sua maioria, sustentam e aprimoram a violência instauradora dessa dicotomia que passa, então, a se sustentar e criar *mundo* no plano rigoroso da metodologia científica, com o acirramento das diferenças entre homem e animal, sobretudo nos estudos tradicionais da biologia, fisiologia e psicologia.

O retorno que se pretende propor, então, não pode ser aprofundado no âmbito desse aprisionamento e a prova disso é que um outro acesso a essa noção implica diretamente uma ruptura com a metodologia do que atribuímos como estudos tradicionais da ciência moderna. Entretanto, esse acesso gerador de tal tipo de comprovação é difícil de ser percebido e pensado, pois ao ultrapassar os limites da atividade puramente física e biológica, v.g., ele revela uma função significante, isto é, encerra um determinado sentido que deslocará as estruturas construídas com base nessa metodologia aprisionante.

Desde a protohistória do processo civilizatório, há a verificação da ocorrência de um fenômeno que propicia esse - um - outro acesso: o jogo. Ele é um elemento mais antigo que a cultura, pois esta, mesmo em suas definições mais rigorosas, pressupõe sempre a sociedade humana. O lúdico supera o plano da dicotomia homem e animal, *"os animais não esperaram que os homens os iniciassem na atividade lúdica. É-nos possível afirmar com segurança que a civilização humana não acrescentou característica essencial alguma à ideia geral de jogo. Os animais brincam tal como os homens*". [280]

O que precede essa indiferenciação é um ritual convidativo para uma brincadeira que ocorre mediante certas atitudes e gestos. O jogo dos homens e o jogo dos animais constitutivamente possuem as mesmas nuances; há um respeito de regras que proíbem certos atos, como, por exemplo, a agressão física violenta, de tal modo que na brincadeira finge-se ficar zangado ou dissimula-se por dramatização, e o que essa experienciação promove, evidentemente, é divertimento e prazer.

As brincadeiras ocorrem tanto na forma de simples atividades lúdicas, como filhotes de cachorro brincando entre si e crianças brincando de esconderijo em suas casas, até formas bem mais complexas, como as competições que podem paralisar as atividades cotidianas de uma massa e representações destinadas a um público.

Refletindo sobre isso, parece que o próprio elemento do sagrado que aparece no humano, na vida, tem essa inclinação, pois o ato religioso é exatamente uma construção ritualística que revela uma função significante para a vida humana pela consciência. Em outras palavras, o sagrado constitui-se como um elemento na estrutura da consciência humana, de forma que nos níveis mais arcaicos de nossa cultura "viver como ser humano *é em si um ato religioso, pois a alimentação, a vida sexual e o trabalho têm um valor sacramental. Em outras palavras, ser – ou, antes, tornar-se –* um homem *significa ser 'religioso'*".[281]

E, mais ainda, antes de tudo, lúdico, cuja fundamentalidade originária e original, está nos cultos xamânicos, valendo destacar aqui, pelo contexto, o texto de Carlo Ginzburg "Os europeus descobrem (redescobrem) os xamãs", no qual registra o autor como, em 1698, Adam Brand, um negociante de Lubeck, secretário de uma embaixada enviada à China por Pedro, o Grande, escreveu uma relação, traduzida depois para várias línguas europeias, em que pela primeira vez se registrava o termo tungue "xamã" como sinônimo de sacerdote ou mago. Outra anotação digna de nota neste texto é seu comentário sobre o ensaio de Karl Meuli, publicado bastante tempo depois, em 1935, denominado "Scythica", no qual evidencia, em certa medida, ter redes-

---

280 HUIZINGA, Johan. *Homo ludens: o jogo como elemento da cultura*. São Paulo: Perspectiva, 2012, p. 3.

281 ELIADE, Mircea. *História das crenças e das ideias religiosas, volume I: da idade da pedra aos mistérios de Elêusis*. Rio de Janeiro: Zahar, 2010.

coberto as conotações chamânicas do rito funerário cita descrito por Heródoto, analisando pela primeira vez com profundidade os elementos xamânicos presentes nesta cultura, assim como sua absorção por parte dos colonos gregos instalados nas margens do mar Negro, onde, sem que seu autor soubesse, teve-se notícia dos resultados de uma escavação arqueológica feita alguns anos antes da publicação do ensaio, com a confirmação de sua aposta, uma vez que foram encontrados nas montanhas do Atlai oriental, na localidade de Pazyryk, alguns túmulos que datavam de dois ou três séculos antes de Cristo, conservados sobre o gelo, em que se via um cavalo disfarçado de rena, um tambor parecido com os usados pelos xamãs e algumas sementes de *Cannabis sativa*, em parte conservadas num recipiente de couro e em parte tostadas entre pedras contidas numa pequena bacia de bronze. [282]

O jogo, mesmo em suas formas mais simples produzidas pelos animais, é um fenômeno que se projeta para além do biológico, fisiológico ou dos reflexos psicológicos. Nele sempre existe algo em jogo, que ultrapassa as necessidades imediatas da vida e fornece um sentido à ação e, exatamente por esse simples fato, de trazer em si um sentido - tanto para os animais quanto para os humanos, o que faz já soar desgastada a sonoridade desta dicotomia - implica a presença de um elemento não material em sua própria essência.

Esse elemento, que resiste às análises e interpretações lógicas das ciências (biologia, fisiologia, psicologia etc) e, portanto, provoca a necessidade de repensa-las, é o divertimento do jogo. Huizinga define que o divertimento é, precisamente, a essência do jogo, o que permite dizer que encontramos nele uma categoria absolutamente primária da vida, que qualquer um é capaz de identificar dede o nível animal. O jogo é considerado, assim, como uma totalidade, ultrapassando a esfera da vida humana, pois não possui seu fundamento em qualquer elemento racional, não limitando-se à humanidade e não estando também ligado a qualquer grau de civilização ou qualquer concepção do universo, de forma que todo ser pensante pode entender a realidade autônoma do jogo, "é possível negar a seriedade, mas não o jogo" [283]

---

282 GINZBURG, Carlo. *O fio e os rastros. Verdadeiro, falso, fictício.* Tradução de Rosa Freire d'Aguiar e Eduardo Brandão. São Paulo: Companhia das Letras, 2007, p. 105-111.

283 HUIZINGA, Johan. *Homo ludens: o jogo como elemento da cultura.* São Paulo: Perspectiva, 2012, p. 6.

Ao se compreender que o jogo não é essencialmente material, passamos a caminhar no terreno da fundação espiritual. Seja no mundo humano, seja no animal, o jogo ultrapassa os limites da realidade física; se somos todos capazes de brincar e isso é o traço de uma indistinção que afasta uma bipolaridade racional violenta que o homem estabeleceu sobre a sua condição, enquanto humana, superior aos outros seres; devemos insistir mais nesta dimensão, pois sua potencialidade pode nos conduzir para a *desativação* de usos que compõem os sentidos e as instituições que permeiam a nossa vida cotidiana, algo que, cada vez mais, se torna urgente nos dias atuais. A questão é premente, pois o próprio brincar - a brincadeira, o brinquedo - resta capturado; sequer temos sido capazes de brincar, o ocultamento de nosso ser cada vez mais nos arrasta, pela técnica, para nossa perdição, cuja exemplificação característica, dentre outras, é a insistência na categorização originária distintiva entre homem o animal, que apaga o traço lúdico que nos funda para além de nossa violenta racionalização.

Mesmo no mito, na linguagem, no culto há sempre uma brincadeira, um jogo transformador, imaginativo, um espírito fantasista. No mito e no culto é que tem-se a origem das grandes forças do processo civilizatório, como a troca, escambo e comércio, direito e ordem, poesia e ciência. Na linguagem também há toda uma ludicidade, já na designação das coisas pensadas e materiais, do mesmo modo, no desenvolvimento do diálogo, que chega a revelar, em pontos de alto refinamento, a força da ironia.

O jogo está, ainda, no inabalável terreno da busca da verdade. Com o jogo parresiástico verificamos exatamente isso, pois a *parresía* enquanto a fala franca que explicita a coragem da verdade naquele que fala e assume o risco de dizer, a despeito de tudo, toda a verdade que pensa, mas é também a coragem do interlocutor que aceita receber como verdadeira a verdade ferina que ouve, não é originariamente uma técnica ou uma profissão, embora haja muitos aspectos técnicos nela. Ela é um jogo, uma atitude, em que o éthos encontra sua veridição na palavra do parresiasta e no próprio jogo da *parresía*[284]. Tudo isso que não se tem verificado entre nós nos dias atuais e que tem arrastado a todos para uma vida desesperada(dora) de auto-flagelamento e destruição pessoal, sem cuidado de si (*Epiméleia*).

---

284 FOCAULT, Michel. *A coragem da verdade: o governo de si e dos outros II*. São Paulo: Martins Fontes, 2011, p. 25.

9.1.0 *LUDUS* E O *JOCUS*

A palavra jogo provêm do latim *jocus*, mas as formas latinas que traduzem a ideia de jogo como divertimento, mais ou menos competitivo, são *ludus, lusus e lusio*, sendo *ludus* a palavras corrente, a qual, assume outros significados, como por exemplo: representação teatral e outras manifestações culturais, gracejo, prazer. A ideia de luso em latim *lusus* (filho de Baco e ascendente mitológico dos Lusitanos), assenta no radical celta *Lus* e segundo parece não tem a ver com jogo, que em latim também se chama *lusus* (*lusus, us*, do verbo *ludo*, jogar). *Ludus aetatis* significa o prazer da juventude (Tito Lívio), algo muito importante, pois, a ideia de prazer, do divertimento é a primeira finalidade do jogo. *Jocus* em língua portuguesa tem usualmente o significado de gracejo – o que diverte, desperta o riso. O termo gracejo parece mais apropriado a *jocus* do que a graça, apesar de entendermos que a finalidade tanto da graça e do gracejo assumam deslocamentos similares. Ele também significa tanto o dito chistoso como o comportamento equivalente e divertimento, mormente mais ligado ao sentido psicológico do que ao físico. O adjetivo ligado a jogo é geralmente lúdico, jogo ou atividade lúdica; o que se emprega como derivado de *jocus* é jocoso, gracejo ou dito jocoso.[285]

Na idade média a palavra jogo tinha uma acepção muito ampla. Entendiam os medievais que o primeiro fim de jogo é divertir, e é por isso que o jogo vem de *jocus* e não de *ludus* - de *jocus* pelo divertimento que proporciona e pela graça que contém. No jogo, o *ludus* completa-se com o *jocus*. Também os latinos entendiam o *ludus* como atividade que podia fixar-se na seriedade. Daí que a escola se designasse como *ludus*: *ludus discendi, ludus litteratus, ludus saltatorius, ludus magister*. Diz-se ainda que *ludus* designou-se como escola por lítotes, uma jogo que consiste em obter um grau superlativo pela negação do contrário. De todo modo, foi no *jocus* que os medievais assentaram. A representação dramática medieval era tomada também como jogo, no séc. XIII, na França, chamava-se jogo a uma peça de teatro religioso ou cômico pelo que ela tinha de imitação ou fantasia. Da mesma forma momos e outras representações teatrais eram entendidas muitas vezes como *ludi*.[286]

---

285 CABRAL, António. *Teoria do jogo*. Lisboa: Editorial Notícias, 1986, p. 79.
286 CABRAL, António. *Teoria do jogo*. Lisboa: Editorial Notícias, 1986, p. 83.

O contraste entre jogo e seriedade vai por aí vai se construindo, inicialmente como diametralmente opostos até que mutuamente implicados. Na baixa Idade Média, o jogo e a seriedade eram entendidos como dois modos fundamentais da vida e eram expressos de maneira bastante imperfeita entre *folie et sens* (a categoria do cômico está estreitamente ligada à da loucura) até que, Erasmo em seu *Laus stultitiae*, mostra a improcedência desse contraste. Quanto mais *"nos esforçarmos para estabelecer uma sepração entre a forma a que chamamos 'jogo', e outras formas aparentemente relacionadas a ela, mais se evidencia a absoluta independência do conceito de jogo"*.[287]

Pensar o jogo em tal perspectiva permite avançar para além de uma discussão epistemológica, mas também ética e estética (est-ética), algo que nos direciona para uma reflexão mais aprofundada sobre nosso próprio tempo e sua relação com o brincar e com os brinquedos. Nesta perspectiva, o pensamento de Walter Benjamin sobre o brinquedo e a brincadeira é fundamental; para ele o significado do brinquedo e a valoração da brincadeira, foram concebidos como fenômenos homogeneizantes, de modo que, tanto o brinquedo quanto a brincadeira se tornaram produtos da massificação industrial. O brinquedo se inscreve historicamente na sociedade provocando, nas diferentes eras culturais, as diversas formas de interação e de concepções do brincar, nascem nas oficinas de entalhadores de madeira e, no decorrer do século XVIII, afloram as fabricações industriais especializadas.

Ao analisar a história dos brinquedos e dos livros infantis ao longo do desenvolvimento industrial e pós-industrial, ele faz um resgate do brincar por meio de histórias e brinquedos feitos com arte, elaborados pelas mãos das crianças e dos adultos e exatamente o nosso distanciamento das formas primitivas do brincar, quando as crianças utilizavam materiais encontrados em seu próprio ambiente como folhas, terra, pedra, papel etc, que adentramos nesse cenário de massificação, fazendo da cultura do brinquedo algo decorrente de uma sociedade - moderna - que o pens(a)ou como imitação esquecendo que, na realidade, ele compõe um elemento importante da formação humana.

> [...]Demorou muito tempo até que se desse conta que as crianças não são homens ou mulheres em dimensões reduzidas – para não falar do tempo que levou até que essa consciência se impusesse também em relação às bonecas. É sabido que mesmo as roupas infantis só muito tardiamente se

---

[287] HUIZINGA, Johan. *Homo ludens: o jogo como elemento da cultura*. São Paulo: Perspectiva, 2012, p. 12.

emanciparam das adultas. Foi o século XIX que levou isso a cabo. Pode parecer que o nosso século tenha dado um passo adiante e, longe de querer ver nas crianças pequenos homens ou mulheres, reluta inclusive em aceitá-las como pequenos seres humanos.[288]

Com essa passagem, chegamos a um ponto ilustrativo do fio que incita esta reflexão em tom introdutório sobre o jogo. Esse esquecimento do que compõe o humano é a marca de uma tragédia anunciada que, como Édipo, nos esforçamos determinadamente em concretizar.

Precisamos nos empenhar na tarefa de explorar as sendas desta problematização. O que nos ocupa, então, neste texto, é rigorosamente ensaiar um primeiro passo para esta tarefe\a e ele será dado na via do pensamento jurídico.

Precisamos explorar mais os conceitos de *jocus* e o *ludus* no direito, é tempo de brincarmos, fazermos troça, chiste, tal qual fez seriamente Jhering com suas críticas aos teóricos e filósofos do direito. Trazendo para o plano de nosso País, em que agora temos visto insistentemente um trabalho para a construção de uma "jurisprudência do princípios" e de uma "teoria da decisão judicial" que merece mesmo troça - tanto pela via dos teóricos quanto pela dos práticos -, pois o que impera ali é algo como o que ocorria no céu dos conceitos jurídicos e na Santíssima Trindade: somente os eleitos podem ver, já que, no fundo, o que se impõe é a questão de princípios, a questão *dos* princípios, que nada mais é do que a do principal, do soberano, do príncipe e do principado[289] que mantém a estrutura da captura da nossa violenta racionalidade, aquela mesma que reverbera e sustenta, dentre outras falácias, um modo propriamente violento que impõe o dualismo entre homem e animal e, portanto, daquele que impõe pelo direito e pela filosofia – essa muitas vezes tratada sem qualquer seriedade e rigor, o que o jogo também ensina – a metodologia do aprisionamento de si e dos outros, própria de um direito que não conhece (entre) o sério e jocoso.

---

288 BENJAMIN, Walter. *Reflexões: a criança, o brinquedo, a educação*. São Paulo: Summus, 1984, p. 86

289 DERRIDA, Jacques. *Estados-da-alma da psicanálise: o impossível para além da soberana crueldade*. São Paulo: Escuta, 2001, p. 45.

POSFÁCIO: AS FRONTEIRAS DO DIREITO E OS LIMITES DO PENSAMENTO

Henrique Garbellini Carnio nos brinda com mais um trabalho brilhante, fruto de estudo cuidadoso e reflexão acurada. É possível perceber na leitura uma espécie de depuração de toda a sua obra, ou mais especificamente uma parada profundamente reflexiva em que todo o seu percurso intelectual é ao mesmo tempo condensado e ampliado. O livro Fronteiras do Direito não se reduz ao resultado desta reflexão, constituindo-se num convite para compartilhá-la, um chamado para todos aqueles que buscam pensar autenticamente o fenômeno jurídico.

Ao privilegiar uma investigação antropológica de cariz etnológico o autor consegue desvelar o direito em seu relacionamento embrionário com o poder, revelando o caráter indissociável entre direito e sociedade, enquanto o diálogo constante com a filosofia e a psicanálise proporcionam perceber os complexos meandros dessas relações tão fundamentais quanto obscuras.

O mote principal do livro, isto é, a investigação do direito em seu dimensionamento político, encerra o perigo de recair numa abordagem redundante ou meramente descritiva, o que é de fundamental importância evitar, pois tais abordagens não somente se mostram insuficientes como acabam por contribuir (ainda mais) para a obnubilação da relação entre direito e política que domina as tentativas atuais de lidar com este tema.

A acuidade com que a relação entre o jurídico e o político é desenvolvida, apropriando-se das fontes mais autorizadas da antropologia, da filosofia e da psicanálise, aponta para a co-originariedade entre direito e política e para sua mútua implicação na constituição e funcionamento da vida social. Tal perspectiva revela a ingenuidade e os engodos de qualquer abordagem a respeito do fenômeno jurídico que desconsidere sua conjugação com o poder.

Problematizar autenticamente a relação complexa entre direito e política implica, em última instância, em questionar a própria condição humana, e a maior dificuldade é que tal questionamento não pode depender de uma resposta sobre o que é a essência humana, mas também não pode prescindir de colocá-la em questão.

Essa dificuldade talvez seja inerente à nossa própria condição de seres finitos, mas se manifesta de forma sempre contingente, isto é, de acordo com as peculiaridades de cada tempo e lugar, de modo que cada grupo social desenvolve formas e maneiras específicas de se defender de ter que pensar essas questões fundamentais, em regra criando, inventando fundamentos aos quais possam se apegar para justificar a existência.

Podemos dizer, então, que o pensamento autêntico é sempre uma tarefa a ser perenemente (re)instaurada, e em nossa época encontra dificuldades únicas que, enquanto não forem compreendidas, restaremos capturados em modos de vida tão alienantes como os que imperam atualmente.

O desenvolvimento técnico-científico, especialmente dos meios de transporte e, mais especificamente ainda, dos meios de comunicação, têm proporcionado laços sociais paradoxais em que as pessoas se encontram, ao mesmo tempo, mais próximas e distantes. Numa sociedade cada vez mais conectada vemos crescer assustadoramente o número de pessoas depressivas e que se sentem solitárias.

Não somente as pessoas estão mais suscetíveis a essas tensões e contradições, mas também as instituições e os Estados. A crise toma conta, alastra-se de forma incontrolável e, estando em todos os lugares, acaba por se confundir com a normalidade. São tantas e tamanhas as crises que perdemos a capacidade de compreendê-las em sua radicalidade e, mais ainda, de enfrentá-las. A sensação até pode ser a de que vivemos no limite da crise, mas a realidade é que experienciamos uma crise dos limites.

Os limites são diuturnamente ultrapassados, dilacerados e, contudo, continuamos suportando esse estado de exceção que se tornou a regra. As instituições já pouco conseguem frente às imbricações insidiosas entre o político e o econômico que constituem a face inaudita do fascismo atual, mas continuam operando sob um véu de normalidade tão caricato quanto as inúmeras notas de repúdio a cada ataque sofrido pelos desmandos autoritários.

É importante destacar que isso não significa, simplesmente, a negação de todo e qualquer limite, mas aponta justamente para o contrário. A crise em que nos vemos enredados não é reflexo direto da falta de limites, como se acredita ingenuamente, mas sim de seu excesso. A multiplicação indefinida de limites acaba por produzir uma espécie de curto-circuito entre eles.

Isso acontece porque a noção principal de limite é a de divisão. Os limites possuem o condão de estabelecer contornos, separações a partir das quais constituem-se unidades, as quais só existem, porém, enquanto mantiverem sua autonomia, seu poder, sua soberania, em suma, sua (im)própria identidade.

Todo limite possui, portanto, um caráter ficcional, no sentido de que expressa valorações, visões de mundo, as quais são sempre fruto de interpretações, e não fatos ou realidades meramente constatados. De forma mais clara, o que queremos ressaltar é que toda e qualquer grupalidade humana – e estamos sempre inseridos em alguma, enquanto seres sociais – só se constitui e se compreende enquanto tal porque se distingue, se diferencia de outras, e isso não reflete nenhuma essência, não existe fora das narrativas em que é forjada a própria sociabilidade.

Podemos dizer, portanto, que os limites não expressam diferenças e divisões, antes as constituem. Daí a impropriedade e a ambiguidade de toda e qualquer unidade que se constitua dessa forma, pois a sua "identidade" não decorre de si mesma, mas sim daquilo que ela não é, do que está do outro lado da linha divisória.

Por outro lado, é exatamente aí que reside a força e o apelo dessa lógica, pois essa rigidez ínsita à noção de limite acaba por encobrir tanto a sua ficcionalidade como, consequentemente, o caráter ficcional das identidades, sejam elas grupais ou individuais, livrando-nos da angústia aterrorizante frente ao mistério, ao desconhecido que nos habita sorrateiramente.

A manutenção das identidades forjadas para dar sentido à existência humana demanda que se acredite nelas e que possam ser garantidas, em última instância, pela força. Tanto num caso como no outro do que se trata é de estabelecer sentidos e dotá-los de imperatividade, expressão máxima do fenômeno jurídico. A lógica do direito encontra-se intrinsecamente ligada à constituição de identidades através da institucionalização – que inclui tanto a sacralização quanto a politização – de limites.

Isso não quer dizer, necessariamente, que as identidades assim forjadas devam ser fechadas, estanques, imutáveis, mas que tanto a sua manutenção quanto suas transformações aconteçam pela mesma lógica, ou seja, impondo-se como um limite, de modo que sua unidade implique em sua separação das demais, com as quais não se confunde.

A questão fundamental não é a existência ou não de limites, pois estes são a própria condição de possibilidade de unidades que se reconheçam enquanto tais, tanto no que diz respeito aos indivíduos quanto aos grupos sociais. O que está em jogo, portanto, não é a destruição de todo e qualquer limite, mas a sua superação, a qual se dá como apropriação.

Se apropriar dos limites quer dizer que compreender e lidar com o caráter ficcional deles e, por conseguinte, de toda e qualquer identidade, das quais também não podemos abrir mão completamente, restando-nos a possibilidade, porém, de jogar, de brincar com elas. Expor jocosamente as ilusões da lógica identitária me parece ser inerente às possibilidades de superação da racionalidade jurídica, tarefa cada vez mais urgente em nosso tempo, como expõe magistralmente Henrique Garbellini Carnio.

Trata-se, em última instância, de habitar a ligação sempre tão complexa quanto precária que interrelaciona todas as unidades possíveis e imagináveis, de modo que os seus limites sejam desvelados em suas interconexões, tensões, paradoxos e copertencimentos que escampam à sua instrumentalização e institucionalização, deixando vir à tona, isto é, tornando o mais consciente possível sua ficcionalização. Interessa, de forma urgente, revelar o não dito dos limites: as fronteiras, as quais são dinâmicas, fugidias, fluidas e nos mostram a interdependência que toda e qualquer separação esconde.

Estas considerações, ou melhor, estes devaneios nada mais são que a expressão de agradecimento e exaltação da obra em comento, referência incomparável que consegue tratar com clareza e lucidez as questões mais espinhosas da atualidade no que diz respeito ao fenômeno jurídico. Estamos diante de um livro que promete ser a bússola de todos aqueles que corajosamente busquem deixar o conforto enganoso e covarde da lógica dos limites e se aventurem a navegar as Fronteiras: do Direito, do humano, da sociabilidade.

Como um sopro de esperança em tempos tão difíceis o livro Fronteiras do Direito é o farol ao qual sempre poderemos e deveremos recorrer. Que o risco – sempre iminente – do naufrágio não nos impeça de aproveitar as viagens e, especialmente, que seja compreendido como o que é, uma possibilidade e, portanto, mais prudente que a certeza alienante da racionalidade jurídica: violência institucionalizada e travestida de ordem.

Joaquim Eduardo Pereira

Campinas, 08/04/2021.

BIBLIOGRAFIA

ADORNO, Theodor. Educação após Auschwitz in *Palavras e Sinais*, Petrópolis: Vozes, 1995.

AGAMBEN, Giorgio. *Estado de exceção*. Trad: Iraci D. Poleti, São Paulo: Boitempo, 2004.

———. *La Potenza del Pensiero. Saggi e conferenze*. Vicenza: Néri Pozza Editore, 2005

———. *Política del exilio*. TARIZZO, Davide. Filósofos em comunidade. Nancy, Esposito, Agamben in *O retorno da comunidade*, Raquel Paiva (org.), Rio de Janeiro, Mauad X, 2007.

———. *O que resta de Auschwitz: o arquivo e a testemunha*, Trad.: Selvino Assman, São Paulo: Boitempo, 2008.

———. *Homo sacer: o poder soberano e a vida nua I*. Trad.: Henrique Burigo, 2 ed., Belo Horizonte: Editora UFMG, 2010.

ANTELO, Raul. *Lindes, limites, limiares*. Boletim de Pesquisa – NELIC - Edição Especial Lindes, 2008, p. 4-27

AMBERTÍN, Marta Gerez. *Entre dívidas e culpas: sacrifícios – crítica da razão sacrificial*, Rio de Janeiro: Cia Freud, 2009.

AMÉRY, Jean. *At the mind's limits: contemplations by a survivor on Auschwitz and its realities*, Bloomington: Indiana University Press, 1980.

ARENDT, Hannah. O declínio do estado nação e o fim dos direitos do homem in *Origens do totalitarismo: anti-semitismo, imperialismo e totalitarismo*, Trad.: Roberto Raposo, São Paulo: Companhia das Letras, 1989.

———. *Eichmann en Jerusalén: uns studio sobre la banalidad del mal*, 4 ed., Barcelona: Lumen, 2004.

———. *Sobre a violência*, Rio de Janeiro: Civilização Brasileira, 2009.

ARISTÓTELES. *Retórica*, livro II, Lisboa: imprensa nacional, 2005.

ARON, Raymond. *As etapas do pensamento sociológico*. São Paulo: Martins Fontes, 2008.

ASSMAN, Selvino; PICH, Santiago; GOMES, Ivan Marcelo; VAZ, Alexandre Fernandez. *Do poder sobre a vida e do poder da vida: lugares do corpo, biopolítica*, Temas e matizes, 2009, v.11, p. 19-27.

BENJAMIN, Walter. *Reflexões: a criança, o brinquedo, a educação*. São Paulo: Summus, 1984.

——. *Magia e técnica, arte e política: ensaios sobre literatura e histórica da cultura*. 7 ed., São Paulo: Brasiliense, 1994.

——. *Para una critica de la violencia*, Trad.: Héctor A. Murena, Buenos Aires: Editorial Leviatán, 1995.

——. Para uma crítica da violência. In *Escritos sobre mito e linguagem*. Trad.: Susana Kampff e Ernani Chaves, São Paulo: Editora 34, 2011.

BENVENISTE, Émile. *Vocabulário das instituições indo-européias*, vol. II, Campinas: ed. Unicamp, 1995.

BERMAN, Harold. *Direito e Revolução*, São Leopoldo: Unisinos, 2006.

BETTELHEIM, Bruno. *O coração informado: autonomia na era da massificação*, Rio de Janeiro: Paz e Terra, 1985.

BLUMEMBERG, Hans. "Imitação da natureza": contribuição à pré-história da ideia do homem criador in *Mímesis e a reflexão contemporânea*, Rio de Janeiro: Ed. UERJ, 2010, p. 87-189.

CABRAL, António. *Teoria do jogo*. Lisboa: Editorial Notícias, 1986.

CAILLOIS, Roger. *El hombre y lo sagrado*, 2ª ed., México: Fondo de Cultura Económica, 1996.

CARNIO, Henrique Garbellini. *Kelsen e Nietzsche: aproximações do pensamento sobre a gênese do processo de formação do direito*. Pontifícia Universidade Católica de São Paulo – PUC/SP, 2008.

——. Notas sobre o pensamento antropológico jurídico de Rudolf von Jhering in (Re)pensando o direito: estudos em homenagem ao prof. Cláudio de Cicco, Alvaro de Azevedo Gonzaga e Antonio Baptista Gonçalves (org.), São Paulo: Editora Revista dos Tribunais, 2010, p. 125-132.

——. *Direito e antropologia*. 2 ed., São Paulo: Saraiva, 2020.

CLASTRES, Pierre. *Arqueologia da violência: pesquisas de antropologia política*, São Paulo: Cosac & Naify, 2004.

COMTE, Augusto. *Curso de filosofia positiva; discurso sobre o espírito positivo; discurso preliminar sobre o conjunto do positivismo; catecismo positivista* in *Os pensadores* (col.), São Paulo: Abril cultural, 1978.

COULANGES, Fustel de. *A cidade antiga: estudos sobre o culto, o direito e as instituições da Grécia e de Roma*, Trad.: Edson Bini, 2 ed., São Paulo: Edipro, 1999.

DERRIDA, Jacques. *Estados-da-alma da psicanálise: o impossível para além da soberana crueldade*. São Paulo: Escuta, 2001.

——. *Força de lei: o fundamento místico da autoridade*, Trad.: Leyla Perrone-Moisés, São Paulo: Martins fontes, 2007.

DURKHEIM, Émile. *Da divisão do trabalho social*. Trad.: de Eduardo Brandão. 2 ed. São Paulo: Martins Fontes, 1999.

EINSTEIN, Albert; FREUD, Sigmund. *Um diálogo entre Einstein e Freud: por que a guerra?*, Santa Maria: FADISMA, 2005.

ELIADE, Mircea. *O sagrado e o profano*, São Paulo: Martins Fontes, 1992.

———. *História das crenças e das ideias religiosas, volume I: da idade da pedra aos mistérios de Elêusis*. Rio de Janeiro: Zahar, 2010

ENRIQUEZ, Eugene. *Da horda ao estado: psicanálise do vincula social*, Rio de Janeiro: Jorge Zahar, 1999.

ESPOSITO, Roberto. *Bíos: biopolitics and philosophy*, Minneapolis: University of Minnesota press, 2008.

———. *Immunitas: protección y negación de la vida*, Buenos Aires: Amorrortu, 2009.

———. *Termini della politica: comunità, immunità, biopolitica*, 2 ed., Milano: Mimesis, 2018

FOUCAULT, Michel. *Defender la sociedad,* Buenos Aires: Fondo de Cultura Económica, 2001.

———. *Em defesa da sociedade*, São Paulo: Martins Fontes, 2002

———. *A coragem da verdade: o governo de si e dos outros II*. São Paulo: Martins Fontes, 2011.

FRAZER, James George. *O ramo de ouro*, Trad.: Waltensir Dutra, Rio de Janeiro: Editora Guanabara Koogan S.A., 1982.

———. *Totemism and exogamy*, vol. I, New York: Cosimo, 2010.

FREUD, Sigmund. *Totem e tabu: alguns pontos de concordância entre a vida mental dos selvagens e dos neuróticos*, Trad.: Órizon Carneiro Muniz, Rio de Janeiro: Imago, 1974.

GAGNEBIN, Jean Marie. *Lembrar, escrever, esquecer*, São Paulo: Ed. 34, 2006.

GAROFALO, Luigi. Sulla condizione di 'homo sacer' in età arcaica in *Studia et documenta historiae et iuris*, Gabrius Lombardi (org.), Roma: Pontificia Universitas Lateranensis, 1990.

GEERTZ, Clifford. *O saber local: novos ensaios em antropologia interpretativa*, 8 ed., Petrópolis: Vozes, 2006, p. 183-219.

GHIRALDELLI JUNIOR, Paulo. *O corpo: filosofia e educação*, São Paulo: Ática, 2007.

GIACOIA JUNIOR, Oswaldo. *Corpos em fabricação*. Natureza Humana 5(1): 175-202, jan.-jun. 2003.

———. Nietzsche e a genealogia do direito in *Crítica da Modernidade: diálogos com o direito*, Ricardo Marcelo Fonseca (org.), Florianópolis: Fundação Boiteux, 2005.

———. *Sonhos e pesadelos da razão esclarecida: Nietzsche e a modernidade*, Passo Fundo: PUF, 2005.

———. *Nietzsche como psicólogo*, São Leopoldo: Ed. Unisinos, 2006.

———. *Notas sobre direito, violência e sacrifício* in Estado, soberania, mundialização, vol. 5, n. 2, outubro de 2008, Curitiba, São Carlos: Dois pontos.

──────. Sobre direitos humanos na era da bio-política. In *Kriterion*, Belo Horizonte, n. 118, Dez. 2008.

──────. *Esclarecimento (per)verso: Nietzsche à sombra da ilustração* in Revista Filosofia, Aurora, Curitiba, jul./dez. 2008, vol. 20, n. 27, p. 243-259.

──────. A autossupressão como catástrofe da consciência moral in *Estudos Nietzsche*, Jan/Jun 2010

GINZBURG, Carlo. *O fio e os rastros. Verdadeiro, falso, fictício*. Tradução de Rosa Freire d'Aguiar e Eduardo Brandão. São Paulo: Companhia das Letras, 2007.

──────. *Mitos, emblemas, sinais: morfologia e história*, São Paulo: Cia das Letras, 2011.

GIRARD, René. *La violence et le sacré*, Paris: Bernard Gasset, 1972.

──────. *Eu via Satanás cair como um relâmpago*, São Paulo: Paz e Terra, 2012.

GRAVES, Robert. *O grande livro dos mitos gregos*, São Paulo: Ediouro, 2008.

GUERRA FILHO, Willis Santiago e CARNIO, Henrique Garbellini. *Teoria política do direito: a expansão política do direito*. 2 ed., São Paulo: RT, 2013.

HABERMAS, Jürgen. *O futuro da natureza humana: a caminho de uma Eugenia liberal?* São Paulo: Martins Fontes, 2004.

HAN, Byung-Chul. *Sociedade do cansaço*. Petrópolis/RJ: Vozes, 2015

HOBBES, Thomas. *Leviatã ou a matéria, forma e poder de um estado eclesiástico e civil*, 3ed., São Paulo: Ícone, 2009.

HUIZINGA, Johan. *Homo ludens: o jogo como elemento da cultura*. São Paulo: Perspectiva, 2012.

HUME, David. *Natural History of religion*, London: A. and H. Bradlaugh Bonner, 1889.

JAPIASSU, Hilton; MARCONDES, Danilo. *Dicionário básico de filosofia*, Rio de Janeiro: Jorge Zahar editor, 2001.

JHERING, Rudolf von. *Sobre el nascimiento del sentimiento jurídico*, Madrid: Minima Trotta, 2008.

JHERING, Rudolf von. *O espírito do direito romano: nas diversas fases de seu desenvolvimento*, vol. 1, Trad.: Rafael Benaion, Rio de Janeiro: editora Alba, 1943

JÖRS, Paul; KUNKEL, Wolfgang. *Derecho Privado Romano*, Barcelona: Editorial Labor S. A., 1937.

KANTOROWICZ, Ernst. *Os dois corpos do rei: um estudo sobre teologia política medieval*, São Paulo: Cia das Letras, 1998

KAUFMANN, Arthur. *Filosofia do direito*. trad.: António Ulisses Cortês, Lisboa: Fundação Calouste Gulbenkian, 2004

KELSEN, Hans. *Sociedad y naturaleza: una investigación sociológica*, Trad.: Jaime Perriaux, Buenos Aires: De Palma, 1945.

———. *Il problema della sovranità e la teoria del diritto internazionale. Contributo per una dottrina pura del diritto.* Trad.: Agostino Carrino, Milano: Giuffrè Editore, 1989.

———. Dios y estado. In *El otro Kelsen.* Óscar Correas (org.), trad.: Jean Hennequin, México: Universidad Nacional Autónoma de México, 1989.

KOHLER, Josef. *Philosophy of law*, New York: Augustus M. Kelley Publishers, South Hackensack: Rothman Reprints Inc., 1969.

LACLAU, Ernesto. *La razón populista,* Fondo de Cultura Económica: Buenos Aires, 2005.

LANG, Andrew. *The secret of the totem*, London, New York, Bombay: Longmans, Green and co, 1905.

LEVI, Primo. É isto um homem?, Rio de Janeiro: Rocco, 1988.

———. *Os afogados e sobreviventes*, Rio de Janeiro: Paz e terra, 1990.

LÉVI-STRAUSS, Claude. *Estruturas fundamentais do parentesco*, Petrópolis: Vozes, 1982.

———. *A oleira ciumenta*, Brasília: Brasiliense, 1986.

MAQUIAVEL, Nicolau. *O príncipe*, 4 ed., São Paulo: WMF Martins Fontes, 2010.

MAUSS, Marcel. *Ensaio de sociologia*, 2 ed., São Paulo: Perspectiva, 2001.

MAUSS, Marcel. *Sociologia e antropologia*, Trad.: Paulo Neves, São Paulo: Cosac Nayfe, 2003.

MAUSS, Marcel; HUBERT, Henri. *Sobre o sacrifício*, Trad.: Paulo Neves, São Paulo: Cosac Naify, 2005.

MEIRA, Silvio. *O homo sacer no antigo direito romano* in Romanitas, Revista de cultura romana (língua, instituições e direito), ano II, Rio de Janeiro: Romanitas Livraria Editora, 1959.

MOROZOV, E. *Big Tech: a ascensão dos dados e a morte da política.* São Paulo: Ubu, 2018.

NANCY, Jean-Luc. *L'imperativo categorico*, Nardò: Besa, 2011.

MARRET, Robert Ranulp. *Antropología*, Barcelona: Editorial Labor.

NIETZSCHE, Friedrich Wilhelm. Considerações extemporâneas in *Os Pensadores* (col.), 1974.

———. A vontade de potência in *Os Pensadores*. São Paulo: Abril, 1999.

———. *Aurora: reflexão sobre os preconceitos morais*, Trad.: Paulo César de Souza, São Paulo: Companhia das letras, 2004.

———. *Além do bem e do mal: prelúdio a uma filosofia do futuro*, Trad.: Paulo César de Souza, São Paulo: Companhia das letras, 2005.

———. *Genealogia da moral: uma polêmica.* Tradução de Paulo Cesar de Souza. São Paulo: Companhia das Letras, 2007..

OLIVEIRA, Érico Andrade M. de. A crítica de Nietzsche à moral kantiana: por uma moral mínima in *Cadernos Nietzsche* n. 27, 2010.

PECORARO, Rossano. *Niilismo e ética: notas sobre Derrida e Nancy*. Veritas, vol. 52, n. 2, junho 2007, Porto Alegre, p. 128-139.

PELBART, Peter Pál. *Vida capital: ensaios de biopolítica*, São Paulo: Iluminuras, 2009.

POST, Alberto Ermanno. *Giurisprudenza etnologica*, vol. I, Milano: Societa Editrice Libraria, 1906

———. *Grundriss der ethnologischen jurisprudenz*, Oldenburg und Leipizig: A. Schwartz, 1984.

REINACH, Salomón. *Orfeo: historia general de las religiones*, Buenos Aires: Biblioteca Nueva, 1944.

SCHMITT, Carl. *Legalidade e legitimidade*, Trad.: Tito Lívio Cruz Romão, Belo Horizonte: Del Rey, 2007.

———. *Teología política*. Trad.: Francisco Javier Conde e Jorge Navarro Pérez, Madrid: Editorial Trotta, 2009.

SLEE T. Uberização: a nova onda do trabalho precarizado. São Paulo: Elefante; 2017.

SLOTERDIJK, Peter. *Regras para o parque humano: uma resposta à carta de Heidegger sobre o humanismo*, Trad.: José Oscar de Almeida, São Paulo: Estação Liberdade, 2000.

SOROKIN, Pitirim A. *Sociedade, cultura e personalidade: sua estrutura e sua dinâmica*, vol. 1, Porto Alegre: Globo, 1968.

TARIZZO, Davide. Filósofos em comunidade. Nancy, Esposito, Agamben in *O retorno da comunidade*, Raquel Paiva (org.), Rio de Janeiro, Mauad X, 2007.

TÖNNIES, Ferdinand. *Comunidad y sociedad*. trad. de J. Rovira Armengol, Losada, Buenos Aires, 1947.

TURTON, David; GONZALES, Julia. *Identidades culturales y minorías etnicas en Europa*, Bilbao: Universidad de Deusto, 2001.

VIANELLO, Lorenzo Córdova. *Derecho y poder: Kelsen y Schmitt frente a frente*, México: FCE, UNAM, IIJ, 2009.

WITTGENSTEIN, Ludwig. *Vortrag über Ethik und andere kleine Schriften*, Frankfurt; J. Schule, 1989.

WUNDT, Wilhelm. *The language of gestures*, The Hague: Mouton, 1973.

📷 editoraletramento   🌐 editoraletramento.com.br
f editoraletramento   in company/grupoeditorialletramento
🐦 grupoletramento   ✉ contato@editoraletramento.com.br

🌐 casadodireito.com   f casadodireitoed   📷 casadodireito

Grupo Editorial LETRAMENTO